湛庐文化 Cheers Publishing
a mindstyle business
与思想有关

KEN ROBINSON
肯·罗宾逊
全球知名教育家
排名第一的 TED 演讲人

KEN ROBINSON

全球最具影响力的教育家
创造力和创新思想家

罗宾逊出生于英国利物浦的一个普通工人家庭，有6个兄弟姐妹。他的父亲在一次工伤事故后瘫痪。更不幸的是，罗宾逊在4岁时患上了脊髓灰质炎。

在克服重重困难后，罗宾逊于1968年考入利兹大学布勒顿霍尔教育学院学习英语和戏剧。1981年，罗宾逊进入伦敦大学研究教育戏剧和教育剧场，并获得博士学位。此外，他还获得了美国罗德岛设计学院等众多大学的名誉学位。

1989—2001年期间，罗宾逊任英国华威大学教育学教授。1998年，他在英国组建了一个关于创造力、教育与经济的委员会，并发表了一篇极富影响力的报告《我们未来的全部：创造力、文化和教育》（*All Our Futures: Creativity, Culture and Education*）。

罗宾逊的足迹遍布欧洲、美国和亚洲，合作对象中既有各国政府和教育部门，也有知名的国际文化组织和世界500强企业。

为了更广泛地传播自己的先进教育理念，罗宾逊已经出版了4本畅销书：《让天赋自由》、《发现天赋的15个训练方法》、《让学校重生》和《让思维自由》。2011年，罗宾逊被《快公司》评为“创造力和创新领域的全球杰出思想家”。

KEN ROBINSON

排名第一的 TED 演讲人

肯·罗宾逊极具演讲才华，他凭着对教育、创造力和创新的深刻理解、幽默的演讲风格彻底征服了观众。罗宾逊已成为当今排名第一的 TED 演讲人。

在新的全球经济环境下，“商业和教育在创造力方面所面临的挑战”成为罗宾逊 TED 演讲的主题。到目前为止，罗宾逊已经进行了 3 次 TED 演讲，分别是 2006 年的《学校扼杀创造力》（*How Schools Kill Creativity*）、2010 年的《推动学习革命》（*Bring on the Learning Revolution*）和 2013 年的《如何逃离教育的死亡谷》（*How to Escape Education's Death Valley*）。

2010 年，英国皇家艺术、制造与商业促进会把罗宾逊关于教育变革的演讲制作成了视频动画。这个视频动画上传到 YouTube 第一周，观看次数就直逼 50 万，到 2013 年 12 月，总观看次数已超过 2 000 万。

在 2013 年的 TED 演讲《如何逃离教育的死亡谷》中，罗宾逊提出了实现人类繁荣的 3 大关键原则。

《学校扼杀创造力》这一演讲创造了 TED 大会创立以来观看人次最多的纪录。截至 2017 年 6 月底，全球通过 TED 网站观看这一演讲的人次超过了 5 000 万。

KEN ROBINSON

“全球最具影响力50大商业思想家”之一

由于在教育、艺术和文化交流方面的突出成就，罗宾逊获得了雅典娜奖、皮博迪奖、乐高奖、本杰明·富兰克林奖等众多奖项。

2003年，他因在艺术服务方面的杰出贡献而被英国女王伊丽莎白二世封为爵士。2005年，他被《时代周刊》、《财富》和CNN评为“主流之声”（Principal Voices）。

罗宾逊认为，教育必须服务于3个目标：第一，教育应该向多样化方向发展；第二，教育应该通过创造性教学培养学生的好奇心；第三，教育应该致力于唤醒学生的创造力。2011年，由于在教育和创造力培养方面的先进理念与独到见解，罗宾逊入选“全球最具影响力50大商业思想家”排行榜。

Creative Schools
让学校重生

[英] 肯 · 罗宾逊（Ken Robinson）[美] 卢 · 阿罗尼卡（Lou Aronica）◎ 著
李慧中 ◎ 译

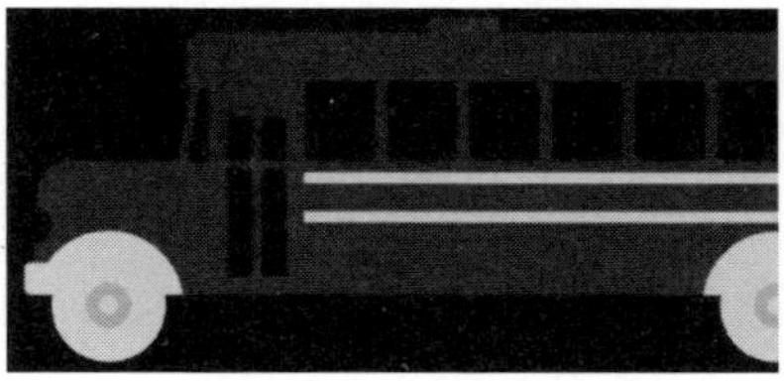

The Grassroots Revolution
That's Transforming Education

浙江人民出版社
ZHEJIANG PEOPLE'S PUBLISHING HOUSE

CREATIVE SCHOOLS

谨以此书献给

韦克菲尔德的布兰顿霍尔学院（1949—2001），

以及那些曾经受她引领的人。

The Grassroots Revolution

That's Transforming Education

一个很好的开始

江学勤
独立教育学者，《创新中国教育》作者

2008 年，在关于创造性的话题流行之前，深圳中学就已经成为教学改革实验的孵化室。那里的学生有着他们自己的圈子，管理着自己的俱乐部，组织着自己的体育比赛。也是在那一年，该校校长王铮邀请我负责组建学校的国际分部，并与那些以 10% 的比例挑选出来，即将赴美国大学求学的学生一起工作。

我们对这个项目抱有热切的期望。我们的目标不仅是想要让学生记住通过学术能力测试所需的单词，还要让他们大量阅读书籍和练习写作，为此，学校成立了一个有着 5 000 册英文图书的小型图书馆。我们还采用了美国大学式的研讨会，以期培养学生的分析和辩论能力。我们的学生还一起开办了一家咖啡馆，创办了一份日报。

这个项目的理念十分新颖，实际施行中也对教师和周围环境提出了要求和改变，以至于有些家长和教师认为，我的某些做法有些一意孤行，并提出了质疑。

我的想法天马行空，项目实施中也出现了混乱，所以，在 2010 年王铮校长转任北京大学附属中学校长的时候，我跟随他去了北京。

2012 年，距离那些事情发生两年之后，深圳中学那些参与我主持项目的孩子陆续进入了多所美国一流大学：耶鲁大学、沃顿商学院、布朗大学，以及康奈尔大学。在美国，他们获得了学术上的成功。在毕业之后，他们中的许多人又进入了国际著名的大公司，或是开展自主创业。

这背后究竟发生了什么？许多年来，我一直尝试在更大、更广的视野下寻求答案，对此做出解释，后来我发现，答案就在肯·罗宾逊先生的这本书里。

在创造性方面，罗宾逊先生是全球最具影响力的专家，他的畅销书激励着无数教育者对他们所在的学校展开改革。现在，他的书被引入了中国，我相信中国教育将能从他的书中获得极大的裨益。当前，中国的教育者正在尝试引进 STEM①课程、创客以及创业教育理念，目标是创建一支像由史蒂夫·乔布斯那样的人组成的队伍。我想说，这样的初衷是好的，但我们在实际生活中见到的却大多是困惑的父母、精疲力尽的教师和大量被浪费的资源。为什么会这样呢？罗宾逊先生的书里就提出了当前改革中存在的三类问题，并为我们提出了有关如何改进的具体建议。

首先，罗宾逊先生认为，当前的教育改革主要是自上而下的、机械的，充满了官僚主义的，而我们需要的是自下而上的、有机的，以及由社区驱动的改革。所以，当前有许多改革措施构思不良，执行不力。例如，当前的学校并没有以 STEM 课程、创客以及创业教育取代传统的教育内容，相反，他们在以考试为核心展开

① STEM，是指科学（Science）、技术（Technology）、工程（Engineering）、数学（Mathematics）的首字母缩写。——编者注

课程教学。有学校把太多的钱用在了购买豪华教学设备上，却没有足够的钱培训教师。正如罗宾逊对上百万西方读者所说的那样，真正的改革，是关于如何激励新一代聪明优秀的改革者进入公共学校系统，在实验过程中相信教师的自主性，并授权他们成为专业发展计划的有效变革者。真正的改革需要将权力下放给学校，从而使这个系统中的每个人，包括教师、学生和家长，共同构建一个健康和谐的组织并获得成长。

其次，罗宾逊先生也指出，中国目前的教育系统偏重STEM课程而忽视艺术课程的做法是错误的，因为从本质上来说教育是对人类文化多样性与丰富性的一种传承。每一个孩子天生都具有某种天赋，从而驱动着他的好奇心和创造力，而学校在孩子们想要走动的时候，却把他们禁锢在座位上，在他们想要提出问题的时候，却要求他们重复事实，以及在他们想要掌握自己的学习和命运时，却要求他们屈从于社会的期望，这样只会扑灭他们内心迸发的灵感火花。罗宾逊先生在他的著作和演讲中提出，之所以有上百万孩子没能从当前的教育系统中获得成功，是因为我们只关注了只有部分孩子具备的、十分有限的能力，而人类的智慧是丰富而多样化的。

最后，罗宾逊先生说，当前教育改革的主要目标集中在了驱动经济发展方面，这实在是太功利和太短视了。研究结果显示，强劲的经济发展并不是说一个社会中有多少企业家，而是这个社会的开放度、多元化和驱动力。正如罗宾逊先生所说，创造性是一个学校鼓励自由思想和勇于冒险的校园文化的衍生物，既不能被授权，也无法被制造。

我非常同意罗宾逊先生的观点，因为它们有力地证明了我之前在深圳中学的工作之所以成功的原因。我并不是一个完美的管理者，我们的实验也有过混乱，但王铮和我有一件事情做得是对的：我们赋予了学生独立思考的空间和勇气，也鼓励他们追随自身的天赋与热情。当学生合作创建起他们自己的咖啡馆和日报时，他们看待自己和这个世界的方式也随之发生了改变。因为他们开始相信自己的能力，以及开始相信这个世界上，没有什么是他们做不到的。

在了解到我们的学生过上了充实幸福的人生之后，我感到非常幸福。而对于罗宾逊先生在《让学校重生》一书中提到了我们在深圳中学所做的努力，我也非常感恩。随着他的著作在国内出版，我对中国的教育者从深圳中学，以及其他有关创造性的学校和个人身上获得启发充满了希望。

在过去的许多年中，中国在促进学校发展创造性方面做出了诸多努力，未来也还有很长的路要走。正如罗宾逊先生指出的，当前人们对结果给予了太多关注，却对过程所知甚少；对政府和社会的需求关注过多，却对学生的渴望缺乏关心。在分数为王的前提下，人们只是它的奴隶。我们的学校当前需要的不是政策和口号，而是在态度、价值观和思维方式方面真正认识到，学生是他们的学习和命运的主导者，而肯·罗宾逊先生的这本书是一个很好的开始。

做教育创新真正的引领者

李一诺
一土学校创始人，2016 年“全球青年领袖”

做教育创新的，通常有两类最极端的人，一类是最虚妄的人，一类是最谦逊的人。

为什么是最虚妄的人?

因为“创新 + 教育”太容易成为“卖点”，太容易制造焦虑，又被作为消除焦虑的“良药”:未来充满未知，竞争极其激烈，想要知道如何让你的孩子胜出吗?来试试我们的创新教育吧。怎么样，这类宣传是不是似曾相识?似乎任何有名头的人都可以成为专家;随便办个培训班或建个营地就可以称为“教育”;而只要是国外拿过来的东西，都可以称为“创新”。在各种市场分析、投资报告中，教育的本质早就变得模糊。所谓的教育创新，也沦为了虚妄者狂欢的舞台。

又为什么是最谦逊的人呢?

因为教育的本质在于人。人世间再没有比“让人成为人”更深刻、更宏大的课题了。但凡真正沉下心来做教育的人，都必怀有一颗敬畏之心。最优秀的教育者面临的终极“瓶颈”既不是技术，也不是知识，而是教育者自身对世界和自我的认知的深度和高度。所有真正做教育的人都深谙这一点，所以他们会以最谦逊和敬畏的心，在“外在世界”做好匠人，在“内在世界”寻求开悟。

但最难得的，其实是第三类人。

他们既怀有对教育的敬畏之心、谦卑之心，能够把理念付诸于点滴实践和辛勤耕耘，又可以利用合适的舞台，有效发声、积极倡导、联合同盟，以推动整个教育系统的改变。他们谦逊而不迂腐，发声而不虚妄；既有一线的实践经验，又有哲学层面的思考；既有对现状的抨击，又能提出具有建设性的意见与方法。

这一类人，是教育创新真正的引领者！

湛庐文化引进的这一套书，就是这样几位世界范围内的教育创新引领者的精华之作，实属难得。其中又最属《为孩子重塑教育》（*Most Likely to Succeed*）这本书与我们渊源最深。在筹办一土学校的时候，我们就和美国的高科技高中（High Tech High）建立了合作，在教师培训方面有很多交流。我们也是第一个支持教师去参加高科技高中教师培训的中国学校。过去的每一个假期，高科技高中的教师也都会到一土学校来做交流和培训。因为高科技高中，我们又知道了《为孩子重塑教育》（*Most Likely to Succeed*）这部纪录片，也在中国协助组织了多次放映。我们和高科技高中的合作，与纪录片和书里的很多场景及描述非常相似。

肯·罗宾逊先生的教育理念也与我们创办学校的初衷不谋而合，当前的学校系统对于学生创造力的压抑和限制将会对他们的未来产生不利影响。对教育系统进行改革，帮助学生发现他们的天赋，从而使他们过上真正幸福的生活，是我们共同的追求与期许。能够在教育一线亲身感受这些教育实践的发生，我备感幸运。

2016年，我们开始着手在北京创办一土学校。虽然从表面上看，一土是一所学校，但实际上，我们是想要与众多同行者一起努力，着眼于中国的当下与未来，致力于改变教育生态。从产生这个想法到现在，陶行知先生给了我很大的指引。

陶行知先生是中国近代教育革新的引领者，他在近百年前写下的很多文字，到现在都具有深远的现实意义。在写于1924年的名篇《半周岁的燕子矶国民学校——一个用钱少的活学校》中，陶行知先生讲述了一个建在关帝庙里的学校发生的故事，通过带学生“做事”，让学生融入当地社会，那所学校实现了真正的卓越教育。我们现在常常讲项目学习，听上去似乎觉得是很先进的东西，但从陶行知先生的记录里可以看出，在百年前就有类似在学校环境下开展的实践了，而且从思路到方法，再到教育的效果都非常出色。

陶行知提出的“社会即学校，生活即教育”是对教育最浅显易懂又最深刻的阐述。所以，我在这里也想引用他在《第一流的教育家》里面的几句话：“我们在教育界做事的人，胆量太小……不是乞灵古人，就是仿效外国。”“今日的教育家，要敢探未发明的新理，敢入未开化的边疆”。湛庐文化这套书的作者就是这样的教育家。这些话，也与大家共勉。

其实，有关教育的问题，从来都没有“标准答案”或“完美方案”，更没有“一招制胜”“一劳永逸”的教育模式或系统。教育是一个社会问题，同时，因为教育关乎人类社会的未来，所以更是一个难以“解决”的社会问题。所以我们研究和学习教育创新的目的不应该是给出一套“答案”，而是怀着开放的心态，在不断的质疑、提问、实践和总结中摸索前进。这套教育主题丛书如果能给我们带来这样的心态、碰撞和思考，我想也就足够了。

想要知道教育改革为何举步维艰吗？

未来的学校是什么样的？

扫码下载“湛庐阅读”APP，“扫一扫”本书封底条形码，

听肯·罗宾逊讲给你听！

CREATIVE
SCHOOLS

目 录

推荐序一　一个很好的开始 / III

推荐序二　做教育创新真正的引领者 / VII

前 言　我们需要一场自下而上的变革 / 001

01

跳出标准化运动的泥沼 / 013

Creative Schools

案例 静止的旋转门

- 席卷全球的标准化浪潮
- 政府操控下的公共教育
- 标准化运动的灾难性后果
- 探寻教育的“第一目的”

02

冲破工业化教育的藩篱 / 037

Creative Schools

案例 学校里的汽车“工厂”

- 非主流教育：教育的另一种选择
- 工业革命催生现代教育
- 教育是一个有机系统
- 新型教育的 4 重目标

03
让规则见鬼去吧！ / 063
Creative Schools
案例 引航者“北极星”
- 美国 VS 芬兰：谁是教育的榜样
- 教育是复杂的自适应系统
- 从单纯的戏剧到综合的学校艺术
- 教育的核心：帮助学生学习

04
天生的学习者 / 081
Creative Schools
案例 贫民窟里走出的学习天才
- 与天赋背道而驰的教育模式
- 学校“培养”出来的问题学生
- 教育的“私人订制”
- 游戏是天然的学习方式

05
教学的艺术 / 105
Creative Schools
案例 第 56 号教室的奇迹
- 教师的使命
- 教学的力量：静候生命成长
- 让年轻人变成更好的学习者
- 翻转课堂的可汗学院
- 学会教学，换个方式试一试

06
什么值得学 / 137
Creative Schools
案例 冲破界限的项目学习
- 一个由来已久的争议
- 8C 核心竞争力，你具备吗
- 课程架构均衡化
- 课程设计新思维
- 课程设计 3 原则

07
考试！考试！ / 165

Creative Schools
案例 丢失的豁免权

- 标准化考试的风险
- 商业逻辑下的标准化考试
- 神奇的“学习记录法”
- 让真实代替符号

08
伟大校长的角色定位 / 191

Creative Schools
案例 用艺术点亮孩子

- 学校文化的建设者
- 社区与学校之桥的搭建者
- 学校改革的先行者
- 校内氛围的营造者

09
让教育回归家庭 / 215

Creative Schools
案例 走进课堂的作家爸爸

- 孩子对父母意味着什么
- “直升机式”教育
- 学校里的家庭
- 在家上学：自己教育自己的孩子

10
改变教育的大环境 235

Creative Schools
案例 变革中的南卡罗来纳

- 转型中的政策制定者
- 先锋性的突破
- 组织化改变的力量
- 变革中的行动者

后记 未来教育的图景 / 259

译者后记 / 263

我们需要一场自下而上的变革

> 文明是教育和灾难之间的一场竞赛。
> 威尔斯（H.G.Wells）

你关心教育吗？我很关心。我内心最大的担忧之一是，尽管全世界的教育系统都在改革，但很多改革都是基于政治和商业利益，违背了人们学习和学校运行的真正规律。因此，它们实际上毁掉了无数年轻人的前途。无论结果是好是坏，这些改革迟早会影响我们或我们认识的人。对改革的理解至关重要，如果你认为当前教育改革的方向是错误的，我希望你能加入培育孩子多元天赋的全面教育运动中。

在这本书里，我想说明为什么标准化会对学生和学校造成伤害，并呈现出对教育的另一种思考。此外，我还想告诉读者：无论你是谁，无论你身处何方，你都有能力改变这个系统。改变正在发生，世界各地有许多伟大的学校、优秀的老师和极具号召力的领导者，正在创造性地为学生提供具有个性、充满关怀且必要的社区教育，有些学区，乃至整个国家的教育系统都在朝这个方向发展。这些教育系统各个层级中的人都在迫切寻求我所说的这种改变。

学校扼杀创造力

2006年，我在加利福尼亚的TED大会上作了题为《学校扼杀创造力》的主题演讲。这一次演讲的核心在于：我们所有人都具有与生俱来的惊人天赋，但是当我们接受过太多教育后，就无法找回这些天赋了。正如我所说，许多人不知道自己才华横溢、聪明过人，只是因为他们擅长的事情不被学校重视，甚至可能受到了歧视，这对个人和社会的健康发展都会带来灾难性影响。

我的这次演讲成了TED历史上最受关注的演讲，它的在线浏览量超过4 500万次，全世界估计有3亿人观看过这场演讲。我知道这赶不上美国电视剧《汉娜·蒙塔娜》的主演麦莉·赛勒斯，谁让我不会电臀舞呢。

因为这段演讲在网络上广泛传播，所以我听到了很多反馈：来自世界各地的学生说，他们把这段视频播给了他们的教师或父母看，教师说他们把这段视频给他们的校长看，而校长们又把它拿给所有人看。可见，并非只有我一个人这么想，大家对此是有共鸣的。而且，这也不是最近才出现的问题。

有一年，我在美国中西部的一所大学演讲。吃午饭的时候，一位教师对我说："你做这个已经很长时间了对吗？"我问："做什么？"他说："教育改革，多长时间了？8年？"我说："什么意思？什么8年？"他说："就是，从那个TED演讲以来。"我说："哦，对，但在那之前我其实也挺活跃的……"

我从事教育行业已经超过40年了，当过教师、研究员、讲师、监督员和导师，跟教育行业中各种各样的个人、机构和组织合作，也和商人、政府和文化机构打交道。我还实际参与了学校、学区和政府的创新实践，我在大学教过书，还帮忙成立新的机构。在所有这些工作中，一以贯之的是，我始终在努力争取更加平衡、个性化和更具创造性的教育方法。

尤其是在过去10年里，我听到到处都有人在说，他们、他们的孩子或朋友是多么讨厌死气沉沉的标准化考试。他们常常觉得无助，对于教育改革无能为力。有些人告诉我，他们喜欢我的演讲视频，但又因为我没有告诉他们应该怎么做感到失望。对此我有三种回答：第一，“那只是一个18分钟的演讲，能让我们放松一下嘛”。第二，“如果你真的对我讲的东西感兴趣，可以去看我已经出版和发表的各种书籍、报告和攻略，你可能会找到一些有用的东西”。第三，“你可以看看这本书”。

我们的教育出了什么问题

我经常被问到一个问题：我们的教育出了什么问题？为什么？如果教育能重建，会是什么样子？你会创办学校吗？如果你创办学校的话，会有不同吗？你会要求孩子都上学吗？从多大开始上学？会有考试吗？如果你说我可以改变教育，一开始我该做什么？

最基本的问题是：什么是教育？人们对此有很大分歧。就像“民主”和“正义”一样，“教育”也是。哲学家沃尔特·布莱斯·加利（Walter Bryce Gallie）所谓的“本质性争议概念”（essentially contested concept），意味着对于不同的人来说，因为身处于不同的文化之中，以及他们对种族、性别、贫困和社会阶层等问题的不同看法，他们对这个概念会有着不同的理解。但这并不意味着我们就无法讨论它，或不能尝试改变它。我们只是需要弄清楚一些概念。所以，我先来介绍几个概念：“学习”“教育”“培训”“学校”。事实上它们常常会被混淆。

“学习”指的是获取新知识和新技能的过程。人类是有着强烈求知欲的学习型生物。从出生的那一刻起，孩子们对求知就有着惊人的胃口。对很多人来说，这种求知欲在他们上学时就开始变得迟钝了。保持鲜活求知欲的关键是变革教育。

“教育”指的是具有组织性的学习。正规教育的假设是：年轻人需要了解、理解并能够做那些他们自己无法完成的事情。这些事情是什么，以及教育应该如何进行组织来帮助学生学习，就是教育的核心问题。

“培训”是一种集中关注学习具体技能的教育。我还记得学生时代的一场关于教育和培训难以区分的激烈辩论，但当我们谈论性教育时，教育和培训就很容易区分了。大多数父母知道子女所在学校进行青少年性教育时一定很高兴，但如果他们知道学校进行性培训的话，大概就高兴不起来了。

所谓“学校”，我指的不是那些儿童和青少年使用的教学设施，而是人们在一起互相学习的所有社区。**我所谓的“学校”，包括家庭教育、非学校教育，以及从幼儿园到大学甚至更高层次的私人或在线的非正式聚集学习**。传统学校的一些特性不仅和教育无关，还妨碍了教育。**我们需要一场革命来重新思考学校应该如何运行，对于学校来说真正重要的是什么，也就是换一种思维来重新理解教育**。

我们都爱听故事，即便它是虚构的。随着年纪渐长，我们了解世界的方法之一就是通过我们听到的故事。有一些故事是关于我们的亲友圈子里的某些人或事，有一些则来自我们所属的文化，如那些塑造着我们一代代人生活方式的神话、寓言和童话。那些经常被讲述的故事中，事实与虚构之间的界限非常模糊，以至于我们常常将两者混淆。下面这个有关教育的故事，人们都认为它是真实的，但事实上并不是，也可能从来没有发生过。故事是这样的：

> 孩子去小学主要是学习阅读、写作和数学的基本技能。只有学好这些技能，他们才能在中学取得好成绩。如果他们能继续接受高等教育，拥有较高的学历，他们才能找到一份高薪的工作，这个国家才能繁荣昌盛。

这个故事强调的是，只有适用于学术研究的智力才是真正的智力，而每个孩子在这方面的智力有着先天性差异，所以有些学生能获得好成绩，有些则做不到。那些聪明的孩子会进入更好的大学，他的身边也围绕着具有这种学习智力的学生；他们能获得不错的大学学位，相应地，也能获得一份高薪的工作，拥有自己的办公室。而对于那些在同一方面智力稍显欠缺的学生，他们的成绩自然不尽如人意，甚至可能会经历失败或辍学。其中有一些人高中毕业之后就不会再继续深造，而是选择找一份低收入的工作。他们中的一些人也可能去读大学，但是会选择一些学术性较低、更偏职业取向的课程，最终凭借技能获得一份体面的服务或手工工作。

这样的描述显得很露骨，所以这个故事听起来像是讽刺。但是，如果你去看看很多学校如今到底在发生什么，如果你去听听父母对他们孩子的期望，或者想想全球各地的众多政策制定者正在做什么，你就会发现，他们是真的相信目前这一套教育系统非常有效。这些系统没有什么效果，也不可能有什么效果，因为标准降低了。因此，政策制定者们集中精力通过更多的竞争和问责制来提高标准。可能你也会相信这个故事，不清楚它到底出了什么问题。

这个故事是一个危险的迷思，也是为什么许多改革措施最终宣告失败的一个主要原因。这些改革常常会将需要解决的问题弄得更复杂，如中学与大学的高肄业比例，带给师生压力和使抑郁水平上升乃至导致自杀、贬值的大学学位，飙升的大学成本，以及毕业生和肄业生中不断上升的失业率。

对这些问题，政客们往往百思不得其解。有时，他们责罚学校不达标，或者希望通过资助补救计划帮助学校重回正轨。但问题仍然存在，甚至在很多方面愈演愈烈，其实很多问题的根源就在系统本身。

所有系统都有自己特定的运行方式。当我 20 来岁时在利物浦时，曾去过一个屠宰场。屠宰场就是为了杀死动物，这就是它存在的意义。很少有动物能逃脱并组成幸存者同盟。临离开前，我们经过了一个写着“兽医室”的门。我想象着这个办公室里的人结束一天工作后的沮丧，不禁问导游:为什么要在屠宰场设兽医呢，不是有点迟了吗？他说，兽医是进行定期随机尸检的。我觉得他一定发现了某种模式。

如果你要设计一个具备某种功能的系统，如果顺利实现了，你肯定不会为此感到惊讶。如果你要运行一个基于标准化和一致性，抑制个性、想象力和创造力的教育系统，你也能做到，基本没什么悬念。

症状和病理是有区别的。如果我们不理解当前教育系统背后更深层次的问题，症状就不会有所缓解。其中一个问题是公共教育的行业特征，这是总体性的问题。在 19 世纪中叶，大多数发达国家都还没有建立起大规模的公共教育系统。这些系统的产生，在很大程度上是为了满足工业革命的劳动力需求，而且它们是根据大规模生产的原则组织起来的。标准化运动据说是要让这些系统更有效、承担更多的责任。但问题在于，这些系统从本质上来说就不适合崭新的 21 世纪。

在过去的 40 年里，世界人口快速增长，今天已涨到 70 多亿人。现在是地球有史以来的人口最高峰，而且将在 21 世纪中叶达到 90 亿人的规模。与此同时，数字技术正在改变我们的工作、娱乐、思考、感知和互动方式。这场革命才刚刚开始，旧的教育系统在设计时根本没有料想到会延用到这个时代。而通过提高常规标准来完善教育系统，根本无法应对我们现在面临的挑战。

不要误解我的意思，我并不是说所有学校都很糟糕，而整个系统就是一个烂摊子。当然不是这样。数以百万计的人正在以各种形式从公共教育中获益，包括我自己。如果没有在英格兰接受免费的公共教育，我不可能拥有现在这样的生活。作为一个生长在 20 世纪 50 年代利物浦工人阶级大家庭中的孩子，我的生活原本可能截然不同。但教育将我的思维拓展到了更大的世界，并赋予了我创造自己人生的基础。

对于无数人来说，公共教育一直是实现个人价值或摆脱贫困和局限的路径。许多人在这个系统中获得成功，获得成就。其他道路的选择可能是荒谬的，但也有很多人并未像理想的那样，从多年的教育中受益。在这个系统中表现优异的人是以其他一些人一败涂地为代价的。而且，随着标准化运动的加速，这种成功的成本会变得越来越高。而这个系统中的成功者并不是因为这种文化才成功的，通常是克服了这种文化才得以成功的。

我们能做什么

那么，你能做什么呢？不管你是一个学生、教育家、家长、管理者，或是政策制定者，无论你以什么样的方式参与，都会成为教育改革的一部分。要做到这一点，你需要具备三种思维：对现状的“批判”、对未来的“愿景”，以及从现状转变到未来的“变革理论”。基于我自己和许多其他人的经验，我要在这本书里讨论这些问题。在接下来的章节中，将主要穿插交织着三种材料：分析、理论和案例。

如果你想改变教育，那么认清它属于哪种系统很重要。它既不是同质划一的，也不是固定不变的，正是因为如此，你才有可能有所改变。教育系统有很多面向、很多利益交叉点和潜在的创新点。了解这些有助于理解改革的原因，找到改革的途径。

我提倡的教育改革的根基与标准化运动有着本质的区别。我所提倡的教育改革是基于关于个人价值的信念、基于自我决定的权利、基于我们发展和实现人生的潜力、基于公民责任和尊重他人的重要性的。接下来，我将详细说明我所认为的教育的四个基本目标：个人、文化、社会和经济。在我看来，教育的目标是“让学生了解周围的世界和自身的天赋，这样他们才能实现自我，成为富有同情心与创造力的公民”。

这本书中有很多各类学校的案例，其中也吸纳了成千上万的个人与组织的工作成果。这本书也得益于最新研究和有效实践的支持。我的目标是想提供一种整体的核心观点：学校应继续进行教育改革，也亟须对学校进行改革。这本书里包括了转变教育的环境、改变教学动力，以及学习、教学、课程、评估和政策的核心内容。如果要从全局来描述问题，必然会省略掉一些细节。因此，我也推荐你们去阅读其他人的作品，其中深入地讨论了我在这里不得不略过的东西。

我充分了解教育所承受的巨大政治压力，造成这些压力的政策应该受到挑战和改变。我一直以来所呼吁的东西之一就是，政策制定者应该进行激进的变革。但革命是等不及立法的，一旦出现萌芽就会发生。教育不会诞生于议会办公室或是巧舌如簧的政客的口中，而是实实在在地发生在学校里，发生在学生与教师之间。**如果你是一位教师，对你的学生来说，“你”就是系统；如果你是一名校长，对你管理的学校来说，“你”就是系统；如果你是政策制定者，对于所属区域的学校来说，“你”就是系统。**

如果你要参与教育改革，这里有三个选择：你可以在系统内实现变革，你可以通过施加压力来推动系统变革，你也可以在系统之外采取积极行动。本书中很多例子都讲的是系统内的创新。而整个系统也是可以改革的，在很多方面，人们已经在这么做了。系统内的创新越多，系统整体发展的可能性就越大。

我人生的大部分时间都在英国生活和工作。2001 年，我和我的家人移居到了美国。从那时起，我在全美境内密集地旅行，与各级教师、学校、专业协会和决策者们合作。出于这个原因，这本书尤其关注了美国和英国的情况。但是，这个问题是一个影响全球的教育问题，所以本书中也有来自世界其他地区的案例。

本书的关注点主要是从小学到高中的教育阶段。我们讨论的事情对中等教育也有指导意义，现在有很多这样的机构都随着环境改变而发生了剧烈的变化。我在这本书里参考了它们的案例，也期盼着它们能出版自己的成果。

教育变革势在必行

在最近的一次采访中，我被问及了自己的教育理论。我认为它们不是简单的理论。我确实提供各种角度的理论，但我追求的并不是理论假设，它们都基于长期与教育有关的经验和研究，以及激发教师和学生追求最佳状态的实践和研究。

做这些事情的时候，我遵循着一个悠久的传统。我推荐的方法有着自古以来的根基，它不是一种时尚或趋势，而是基于一直以来启发教育改革的原则，以及让工业化教育系统处于危险境地的原则。

我们在这个世界上所面临的挑战都不是理论。这些挑战非常现实，大多数是由人们自己造成的。几年前，BBC 有一个纪录片讲述地球上大约可以生活多少人，纪录片的名字叫作《地球上能活多少人》(*How Many People Can Live On Planet Earth*)。BBC 总是有着如此出色的制作才华。目前，地球上有 73 亿人。这个数字是 1970 年的两倍。到 21 世纪中叶，地球上的总人口数将达到 90 亿，21 世纪末将达到 120 亿。我们都有着对水、食物和维持生命能量的基本需求。那么，地球可以维持多少人的生命呢？

这个节目咨询了一些在生活用水、粮食生产和能源方面的世界级专家。他们得出的结论是：如果每个人都以目前印度普通人的速度消耗资源的话，地球最多可以维持 150 亿人口。基于这个数据，我们已经达到限额的一半了。糟糕的是，我们的消耗速度并不相同。如果每个人都以北美人的平均速度消耗资源的话，我们这颗行星最多只能维持 15 亿人口，而我们已经超出了 5 倍。

因此，如果每个人都像北美人那样消耗资源，到 21 世纪中期，我们还需要另外 5 个行星来承担重任。改变我们的思考方式、生活方式与互动方式迫在眉睫。而与此同时，我们仍然因文化差异和对同一资源的经济竞争而四分五裂。

人们常说要拯救地球，我不太理解这种说法。地球已经存在了近 50 亿年，再过 50 亿年后才会撞向太阳。据我们所知，像我们一样的现代人类出现还不到 20 万年。如果将整个地球的历史看作 1 年的时间，那么现代人类出现的时间就是 12 月 31 日午夜最后不到 1 分钟。危险的不是地球，而是人类自己。地球很可能得出的结论是：它为人类努力过了，但他们太不配合了。细菌则听话多了，所以它们存活了数十亿年。

科幻作家和未来学家威尔斯思考的可能正是这类问题，威尔斯说：文明是教育和灾难之间的一场竞赛。教育的确是我们最大的希望，但这种教育不是旨在满足 19 世纪和 20 世纪需要的旧式工业化教育，而是一种能够适应我们现在面临的挑战，并能发掘我们自身天赋的新式教育。

当我们面临的是一个不确定的未来，对策不是在以前的做法基础上精益求精，而是必须有所创新。我们面临的挑战不是修复这个系统，而是去改变它，不是改革，而是变革。当前教育困境中的巨大讽刺是：我们实际上知道什么是有效的，只是我们推行实践的规模和范围都太小了。我们拥有空前丰富的改革创意与技术资源，拥有无数机会能够激发年轻人的想象力，以及为他们提供各种个性化的定制教学形式。

虽然现在教育是一个全球性的问题，但它也是一个无可争议的基础环节。教育发展的关键在于变革。世界正在经历革命性的变化，我们也需要一场教育革命。像大多数革命一样，这场革命已经酝酿了很长一段时间，而且在很多地方已经发生了。它不是一场自上而下的革命：它来了，因为它必然会到来，并且必然自下而上地发生。

教育实践和研究都一而再再而三地表明：提升学生成绩的关键因素在于他们的动机，以及他们对自己的期待。而教育他们的最佳方式就是提升教学质量，形成一个丰富又平衡的课程表，拥有鼓励性且有效的评估系统。

CREATIVE
SCHOOLS

01 跳出标准化运动的泥沼

The Grassroots Revolution That's Transforming Education

CREATIVE SCHOOLS | 静止的旋转门

在上任佐治亚州纽南的烟雾路（Smokey Road）中学校长的第一天，劳丽·巴伦（Laurie Barron）博士就在想，如果她的学生和同事能为她的办公室特制一扇旋转门，自己或许能原谅他们。毕竟这所开办5年的学校已经换过4任校长了。“这不是说前任领导者软弱无能，”巴伦告诉我，“事实上，在我之前的大多数领导者都是非常成功的老校长，其中3个还成了督查。但频繁更换校长导致这所学校缺乏稳定的领导，校长们也没有足够长的时间来做点什么。”

这是和烟雾路中学类似的所有学校面临的共同问题，但是学校并不一定会乐于透露。位于亚特兰大之外大约60公里处的纽南市，有近20%的人口都生活在贫困线以下，超过60%的烟雾路中学学生家庭经济贫困。当巴伦2004年进入这所中学任职时，学校的成绩指标始终位于本学区5所中学的最后一名。同样，烟雾路中学的逃课人数、违纪人数、青少年受司法指控人数，以及因纪律问题不得不接受特殊教育的人数都位列榜首。烟雾路中学需要各个方面的帮助，但巴伦下定决心：首先需要解决的是稳定和安全感。

“我上任的第一年几乎都在拍桌子吵架。人们会问我，我有什么样的数据能表明我的成绩。我告诉他们，我才不管那些表格呢，我也不知道什么数据。我本来是一个非常有组织性且重视数据的人，但当我翻看自己9年来的笔记本时才意识到，我在这所中学的第一年没有记一丁点儿笔记。我第一年唯一尝试的事情就是建立安全感。在存有各种各样冲突的学校中，没有学生会觉得舒服。”

巴伦在第一年里花了大量的时间相互隔离孩子们，将他们送回家稍作休息。她意识到：当学生总是在打架或酝酿着一场打斗的时候，他们根本不可能投入学习。第一年年底，她已经建立起了有关行为规范的基本规则，让学生了解什么样的行为是被期望的。最重要的是，巴伦没有离开，校长办公室的旋转门也停止了旋转，学校能够开始制订富有成效的长期计划，而这些计划打破了该校根深蒂固的校园文化。

“我们学校不是大家心目中的好学校，但这只是道听途说。没有人对我们的成绩失望，就好像说：‘嘿，你们做成这样已经不错了’，到此止步也未尝不可。第二年，我们真正开始思考我们想要什么，我们需要让孩子达到他们想要的程度。我们花了整整1年的时间来确定我们的使命和愿景，也就是这个时候，我们意识到，我们需要了解这些孩子。这是一个非常漫长的过程，从教师到学生，从业务合作伙伴到社区成员都需要参与其中。我们成立了一个“家长－教师组织”。我相信很多教师是相信孩子的，但学校作为一个整体并不信任孩子，社区也是如此。我之所以确信一些教师相信孩子，是因为有些非常尽职的教师至今依然在岗。但我们以前是没有宏大使命与愿景的。”

后来，这一愿景演变成了一个有着四个步骤的计划：第一步是确保孩子从学龄开始就入学。烟雾路中学有着非常糟糕的入学记录，巴伦意识到，学校没有创造出一种让孩子觉得上学非常重要的文化氛围，她坦承自己也是这个问题的一部分原因。“我让斗殴的孩子回家，”她说，“所以我一定没有让他们觉得，我希望他们留在学校。”

第二步是让学生在学校里感到安全。烟雾路中学很少有斗殴真的导致有人被重伤，但即使是一般的冲突也应该加以制止，以便让学生感受到安全与专注。

在这之后，第三步是让学生感受到自己作为个体被尊重。当巴伦和她的同事意识到，他们需要根据每个学生的需要和利益对待他们时，转机出现了。

第四步是教授学生在未来取得成功所需的合适课程。值得注意的是，巴伦认为这是四个关键步骤的最后一步。课程是非常重要的，但只有当其他目标都实现时，它才能实现。评估教师的方法也是如此。

“我们没有将注意力集中于教学，因为我们一直都在教学。我认为问题不在于教师不知道如何教，而是存在太多教授课程的障碍。我觉得如果我们能给教师和学生 75 分钟，他们可以和学生一起完成一些事情。只有在其他的事情都安排妥当的前提下，我们才会考察老师。在那之前，我们无法判断老师是否努力，因为问题可能出在安全、课堂管理或与孩子建立关系等方面。我和两个助理校长每周都会去每个教室观察，与每个老师进行座谈。而如果校长办公室每天有 70 个存在纪律问题的小孩进进出出，我们根本做不到这些。”

正是当巴伦开始考虑对于孩子来说真正重要的是什么时，烟雾路中学的状况才开始发生改变。“什么对学生来说最重要，什么就是最重要的。没有什么东西比其他东西更重要，比如足球、乐队、数学、英语。我们不会告诉学生，足球不重要，数学重要。我们的方法是：如果足球对你是最重要的，我们将尽一切努力让你踢足球。当我们开始采取这种方法，孩子就会看到我们重视他们所看重的价值，他们也开始回馈给我们价值。一旦我们与孩子建立起关系，他们就会因为让我们失望而感到愧疚。他们可能不喜欢数学，但不会让数学老师失望。自那以后，老师们就可以开展教学，而不是一直写通报批评了。”

“有一些教师并不关心足球，但是他们会去看足球比赛并为鲍比欢呼，第二天在科学课上使用鲍比举例。鲍比学科学纯粹是为了这位科学老师。”这种方法要求巴伦放弃她从州政府和联邦政府学来的模型，并抛弃“我们一直是都这么做的”这种残留的固化思维方式。这种方法对很多学生而言效果非常显著。有个学生是很棒的运动员，但他在六年级时成绩不达标，很大程度上是因为他收到了 33 条纪律通报。当巴伦让他看到，自己认同体育是他生命中最重要的事情时，他的纪律问题就得到了改善。“他在七年级和八年级只有两次通报,还通过了每一次标准化考试。他接受的是特殊教育，是免费午餐的受益者，这些特征表明他似乎是一个潜在的坏孩子。我们需要承认足球比他做的其他事情更重要，我们必须帮助他坚持到底。”

巴伦还给我举了另一个例子。“我们合唱团有一个白人女学生，接受特殊教育，家庭经济情况不佳。她的父亲在她四年级时去世了。自那以后她开始拒绝所有人，不想做任何事，最终在六年级的时候无法升级。后来我们合唱团的教师发现了她的优点，安排给她一个独唱。这一场 11 月的独唱让她在这一年年末的表现全部获得了优秀成绩。如果不是教师发现她唯一想做的就是唱歌，她可能永远得不到优秀。这件事情告诉我们，我们应该倾听和理解对孩子而言重要的东西。”

“我们的老师不会在全班同学面前说：‘你们必须全部通过数学考试。’他们会跟每个孩子说：‘嘿，如果你想要玩乐团，想要当老大的话，学好数学会有帮助的。’你可以尽力让他们每个人都给你台阶，而不是让所有人都遵守你的旨意。”烟雾路中学每个人的改变都显而易见，统计数据也得到了显著改善。每个群体的考试成绩都提升了，特殊教育学生群体的数学和阅读成绩提高了60%，而且考勤记录大幅提高，纪律通报量显著下降。

烟雾路中学的改变实在太惊人了，还被授予了“佐治亚州杰出学校”称号，而且因为它为大量贫困学生服务并获得突出成绩，被授予了2011年大都会人寿保险公司的“全美突飞猛进学校奖（MetLife Foundation-National Association of Secondary School Principals Breakthrough Schools program）”。劳丽·巴伦也荣获了2013年大都会人寿保险公司的“全美优秀校长”称号。

劳丽·巴伦洞悉到了烟雾路中学急迫的改革需求，不是按照州政府或联邦标准进行的改革，而是只有真正了解学生和教育工作者之后才能完成的改革。巴伦在她的学校实现了恰当的改革。但你要知道，“改革”对不同的人而言有着不同的含义。

席卷全球的标准化浪潮

教育改革并不是什么新鲜事物。一直以来，人们都在追问意义是什么、应该教什么以及应该怎么教。但现在不同了，现代的标准化运动是全球性的。著名的国际教育趋势评论员帕思·萨尔伯格（Pasi Sahlberg）巧妙地称之为“全球教育改革运动（Global Education Reform Movement，缩写GERM与“细菌”相同）”。这种改革也是会传染的，你看看有多少国家正在酝酿改革就知道了。国家教育政策一直都是各国的内政事务。如今，各国政府都在紧盯着其他国家的教育系统，其谨慎态度不亚于国防政策。

教育改革也有着很高的政治风险。1992 年，美国总统比尔·克林顿表示，希望自己被称为“教育的总统”。乔治·布什也是如此，他曾将教育改革作为自己第一个总统任期的首要任务。2002 年 1 月，在马丁·路德·金纪念日前夜，布什总统发表演说表示，他相信教育是公民权利。他说：“我们已经消除了马丁·路德·金所抗争的制度化偏见……现在，我们面临的挑战是确保每个孩子都拥有获得成功人生的公平机会。”奥巴马总统也将改革教育作为他任期的优先议程之一。中国正在推动大规模的教育改革，并以此作为国家转型的核心之一。巴西的首位女总统迪尔玛·罗塞夫，则把教育作为她领导的政府改革的核心策略。总之，无论在哪里，教育都成了各个国家政府的重要议程。

自 2000 年以来，标准化运动在“国际学生评估项目”（Program for International Student Assessment，PISA）掀起的排名风潮下愈演愈烈，这些排名主要基于学生在由经济合作与发展组织（OECD）组织的关于数学、阅读和科学科目的标准化考试中的成绩。国际学生评估项目每 3 年组织世界各国 15 岁的学生参加一次测试。参与该项测试的国家和地区数量已从 2000 年的 32 个增加到了 2012 年的 65 个，接受测试的学生数量从 2000 年的 265 000 人翻了一番，增长到 510 000 人。

国际学生评估项目产生的政治影响也已经显现。在 2001 年，测验结果引发的欧洲媒体的关注尚不强烈。而在 2013 年，测验结果就成了世界各地的头条新闻，引起了各国政府的关注。各国教育部部长在排行榜上的比拼，就像健美运动员展示自己的肱二头肌一样。正如新闻中所说的那样，参加测试的国家似乎在把排名作为衡量他们实力的绝对标准。

当中国上海地区在 2009 年首次参加国际学生评估项目，占据了所有学科的榜首时，西方世界掀起了轩然大波。2012 年的排名中，上海又是第一，其次是韩国、新加坡和中国香港。西方媒体乐此不疲地讨论着“亚洲模式”的教育，并广泛呼吁政治家们在国内要更加努力地提高标准，以免在全球竞争中落后。

美国教育部部长阿恩·邓肯 (Arne Duncan) 评论道:“美国在 2012 年国际学生评估项目测验中的总体成绩一目了然，非常惨淡，这表明我们的教育发展停滞了。”他说，这些结果“必须作为反对教育自满和低期望的一个警钟。问题不是我们如今的 15 岁学生表现得比以前要差……而是我们的学生正在失利败退，而我们依然按部就班地运行着，其他表现优异的国家开始追上我们了”。奥巴马政府主要的教育计划“力争上游”（Race To The Top），就是一个由标准化考试驱动、国家财政支持的学校改进计划。

为什么教育会成为一个如此热门的政治问题呢？原因有以下四个：

第一个原因是经济。教育对经济繁荣具有重要意义。在过去的 25 年里，商业已经被数字技术的快速发展和人口的巨大增长所改造。在这个过程中，贸易、生产和服务中的经济竞争更加激烈。政府知道，受过良好教育的劳动力对国家经济的繁荣至关重要，国家政策也援引了很多创新、创业精神与“21 世纪技能”等言论。这就是为什么他们在教育上大力投入的原因，也是教育成为世界最大产业之一的原因。仅在美国，2013 年花在教育和培训上的花费就高达 1 380 亿美元。从世界范围来看，这一数值超过了 4 万亿美元。

第二个原因是文化。教育是传递社会价值观和传统代际传承的主要途径之一。对一些人来说，教育是一种抵制外界影响以保存自身文化的方法；而对另一些人来说，教育反而能推动文化自由与宽容。正是因为教育的文化意义，所以其内容才会引起这样的政治热议。

第三个原因是社会。众所周知，公共教育的目标之一是，无论每个人的背景与处境如何，都要为每个人提供成长与成功、成为高度参与的积极公民的机会。在实践中，政府要求教育系统培育出他们认为社会稳定所要求的任何态度和行为，而这些行为和态度会因政治体制差异而有所不同。

第四个原因是个人。大多数公共政策对教育的描述中都包括所有学生发挥潜力的需求，以及他们实现自我和创造美好生活的需求。

那么，政府到底打算如何完成这些目标呢？

政府操控下的公共教育

各国政府目前严格控制着本国的公共教育，规定着学校的教学内容，推行直观可见的考试系统，并对未达到标准的学校征收罚款。在有些国家，政府一直都在教育中扮演重要角色。但在另一些国家中，传统的政治家会与学校教育保持一定距离。在美国，教育主要在州一级进行组织，联邦政府直到最近才相对淡出教育领域。这一变化发生于2001年，当时美国国会通过了《初等和中等教育法案》，即大家熟知的《不让一个孩子掉队法案》（*No Child Left Behind*）。这些年来，联邦政府和州政府在成千上万个项目和在新考试系统上的花费超过了8 000亿美元。

虽然各国之间存在显著差异，但是他们各自的改革策略还是存在相同特性的。一般情况是这样：

> 一个高效的教育体系是国家经济繁荣，并在竞争中保持领先优势的关键。学习成绩的标准必须尽力提高，学校必须优先考虑能提高这些标准的学科和教学方法。鉴于知识经济的增长，越来越多的人选择继续接受高等教育，大学教育就尤为重要了。
>
> 因为这些问题对学校的自由裁量权而言太重要了，因此，政府需要控制教育系统的标准设置，指定课程内容，系统测试学生以检查是否达到标准，并通过施加责任和提升竞争水平来提高教育效率。

就像我以前讲过的其他案例一样，这次的改革虽然看起来颇有希望，但在未来仍然会漏洞百出。现在，让我们先来看看它是如何实践起来的。

提高教育标准肯定是好事，没有人会说要降低标准。但标准是什么？为什么有标准？标准是什么样的？学校的一个常见迷思是“回归基础”，这是一个迷人的通俗短语，表明了一种脚踏实地的常识，就像吃蔬菜、睡饱觉一样。那学校应该回到什么基础呢？这场改革运动有四个重点：3R，分别是阅读（Reading）、写作（Writing）和算术（Arithmetic）；提高学术标准；STEM 学科，分别为科学（Science）、技术（Technology）、工程（Engineering）、数学（Mathematics）；大学入学。

在包括英国和美国在内的一些国家里，人们一直担心有关读写和数学的标准太低，改革者们也没有偏离于此。问题是存在的，但已经不是什么新问题了。1983 年，美国教育部发布了报告《危机中的国家》（*A Nation at Risk*），报告中提出，美国在“泛滥的平庸潮”（rising tide of mediocrity）中已濒于溺水，而这威胁着整个国家未来的经济和社会福祉。因此，改革者是优先从教学正确的语法、拼写和标点符号，以及基础数学开始入手的。

标准化运动关注“学术标准”的提高看似是合理的，但学术工作只是教育的一部分，主要涉及某些类型的分析推理，尤其是文字、数学以及对通常所谓“命题性知识”（propositional knowledge）的关注。由于各种原因，我们将会看到：教育在沿着这个思路发展。

但有趣的是，人们也认为标准化运动应该培养学生在职场和国际竞争中的竞争力，所以他们强调了 STEM 学科。这是一个很有趣的矛盾：一方面，政治家们在学校推动了更多的学术工作；但另一方面，他们又只关注与经济相关的问题。而学者们通常被认为是远离现实世界的，生活在象牙塔，沉浸在纯粹的理论之中。现代的学术工作将如何成为国家经济的增长点，是我们后续将讨论的一个有趣的问题。

最后一点，许多国家上大学的学生数量正在增加。在 20 世纪五六十年代的欧洲和美国，大约 1/20 的人会读大学。在 1970—2000 年之间，全球的大学生人数增长近 300%。至少在发达国家经济体里，目前约有 1/3 的高中毕业生会进入大学。现在人们普遍认为高中教育的最终目标就是为了上大学。

综上所述，那么我们的教育改革者究竟能做些什么呢？我认为主要是三个方面：标准化、竞争与法人化。

标准化

正规教育由三个主要元素构成：课程、教学和评估，改革的基本策略是尽可能地标准化。现在许多国家的课程大纲中，对于教学内容都有着以年度为单位的严格规定，英国、法国、德国、中国及其他许多国家都是如此。一些国家和地区的结构则相对宽松，比如芬兰、苏格兰，以及到目前为止的美国和新加坡。

大多数国家的课程大纲都基于某一单独的学科，这本身就是一个隐患。在大多数系统中，不同科目之间都存在层级，顶端是文学、科学、技术、工程与数学；往下是人文学科，包括历史、地理和社会研究。标准化运动强调理论学习多于实践与动手操作，比较不重视艺术、戏剧、舞蹈、音乐、设计、体育教育等实践类学科，也不太重视通信和媒体研究等“软学科”，这些都被认为是“非学术类”的。在艺术门类中，视觉艺术和音乐又通常优先于戏剧和舞蹈，后两门课往往还会被取消。商店或家庭经济等职业项目也被许多学校取消了。对某些国家来说，所有“非必要”的科目都被不同程度的打压了。

在教学方面，标准化运动青睐于整班进行事实信息和技能的直接指导，而不是采用集体活动的形式。即便是在幼儿园，教育对于通过探索和想象游戏进行创造性、个人表达和非言语、非数学模式的学习依然持怀疑态度。

对于评估，标准化运动强调使用正式的纸笔测验，广泛采用多项选择题，这样一来，学生的答案可以很容易地进行批改和处理。他们几乎不采用课程作业、学历档案、开卷考试、教师评价、同行评估等其他不易量化的方法，这就是为什么学生会花那么多时间坐在课桌上各自学习的原因之一。

竞争

测试的目的之一是增加学生、教师和学校之间的竞争，因为人们假设竞争能提升标准。正如我们看到的情况一样，教育系统现在的竞争正日益国际化。在这个新的环境中，学生之间互相竞争，评价教师的依据主要是学生的考试成绩，学校和学区为了竞争资源恨不得打破头。标准化考试的结果会影响资金的分配、人员的晋升、学校是否能够开放或是置于不同的管辖之下，因此又被称为“高风险”评估。

法人化

100 多年来，工业化国家的大众教育都由税收买单，因而被视为一项公共投资。一些国家的政府正在鼓励私人企业和企业家参与教育投资，他们的参与范围从产品销售到学校服务，乃至运营自己的盈利性学校。同时，政府也在推动公立学校类别的多样化，包括学术学校、特许学校和免费学校。这些学校中的标准化运动相对比较宽松，这主要有几个原因：第一是加强竞争；第二是促进多样化；第三是缓解公共财政的负担；第四是利润。就像我前面所说的，教育是世界上最大的产业之一。

标准化运动的灾难性后果

如果标准化运动是一项预定的计划，也就无可厚非了，但事实上它并非有意为之。以包括阅读、写作和算术在内的 3R 课程为例，尽管相关投资高达数十亿美元，却也一直未能取得成功。为了提高读写能力和计算能力的标准，像美国和英国这样的国家几乎可以说是竭尽全力了，然而学生在这些学科的考试成绩方面并没有任何改善。

2012 年，美国有 17% 的高中毕业生无法流利地读写，还存在拼写、语法和标点符号等基本技能问题，低于国际学生评估项目测评的二级，超过一半成年人的读写能力都低于三级。“虽然一些‘全国教育进展评估’（the National Assessment of Educational Progress，简称 NAEP）的成绩已有缓慢上升，”音乐教育协会前主席保罗·莱曼（Paul R. Lehman）说，“近些年来很多指标都基本没有变动，2013 年 3 月教育部长阿恩·邓肯（Arne Duncan）警告国会称，截至 2014 年，美国超过 80% 的学校可能会被《不让一个孩子掉队法案》贴上失败的标签。”

问题不仅仅在于“基本技能”。美国学生学习基本的文化知识都很困难。2006 年，《国家地理杂志》在美国做了一个有关文化知识的调查，结果显示，21% 的 18 ~ 24 岁的年轻人不能识别地图上的太平洋。更令人担忧的是，65% 的人在地图上找不到英国，这对任何人来说都是一种耻辱。而我认为，即便在英国各地调查，这个数据也不会更好看。

标准化运动无法应对我们现在所面临的经济挑战，它的一个重点目标是为年轻人进入职场做准备。然而，世界各地的青年失业率正处于创历史最高纪录的水平。世界人口中 15 ~ 24 岁之间的大约有 6 亿人，其中长期失业者约 7 300 万人，这是有史以来的最高值，几乎占到该年龄段总人口的 13%。从 2008 年到 2013 年，欧洲的青年失业率急剧增加，达到了近 24%。

失业率影响了本该做适当年龄段该做的事情的年轻人和大学毕业生。在 1950 年到 1980 年期间，一个大学学位还是一份好工作的保证。如果你获得一个大学学位，雇主会排着队来面试你。如今却已今非昔比了，问题不在于学位的质量，而在于学位的数量。学历也是一种货币，和其他所有货币一样，它的价值会随着市场状况的变化而变化。**大学学位过去之所以宝贵，是因为获得它的人相对较少，而在如今这个到处都是大学生的时代，第一学位已经不再具备过去的鉴别意义了。**

2008 年的经济衰退使许多大学毕业生很难凭借自己的学位找到工作，应届毕业生当然需要一些时间在他们所选择的领域起步。但是自 2001 年的经济衰退以来，那些失业或未充分就业[①]的数据也在上升。此外，未充分就业者的就业质量也有所下降。现在很多应届毕业生甚至不得不接受低薪工作，或兼职工作来支付账单。

对于某些职业而言，学位依然非常重要。总的说来，大学毕业生的收入比低学历者高得多。但获得大学学位已经不再能保证我们在所有领域都能找到一份好工作，而在某些领域，大学学位甚至是一种昂贵的浪费。

当然，有些人去上大学，是因为他们真的想追求自己的学术梦想。超过 40% 的美国大学生没有获得他们的大学学位，从大学的低毕业率来判断，在很大程度上，尤其是在西方，学生继续选择接受高等教育仅仅因为它被理所当然地认为是高中毕业后的下一步。许多人在大学时并没有特定的目标，有很多人中途退学，其他的毕业学生也不知道自己毕业之后要做什么，甚至有很多学生还背负着债务。2014 年，一个美国大学毕业生在 4 ~ 6 年后平均承担的贷款在 2 万 ~ 10 万美元。在美国，学生负担的总债务额已经从 2004 年的 3 000 多亿美元涨到了 1.3 万亿美元，远高于全美所有信用卡债务的总和。

此外，学校所教的技能与经济发展所需的技能之间的差距也在不断扩大。具有讽刺意味的是，许多国家其实有很多工作机会，但很多毕业生并不具备这些工作需要的技能，尽管教育方面已有大量投资。虽然所有标准化运动的宣誓也都在强调就业能力，却没有强调应开设有助于人们直接就业的课程，而是乐此不疲地提高学术项目的标准。

赵勇是俄勒冈大学教育学院全球及在线教育中心（Global and Online

① 未充分就业指其工作岗位通常不需要学士学位。

Education at University of Oregon）的主席。根据他的统计，在 1977 年到 2005 年的 28 年间，美国公司每年消失的工作岗位超过 100 万个。与此同时，新公司每年能创造超过 300 万个工作岗位。许多这样的新工作都需要与过去的，与消失的那些工作明显不同的技能，但没有谁能预告这些新技能是什么。新工作会被那些具备新技能的人获得，也归属于那些具有创新和创业能力，并以此规划职业生涯和培训计划的人。

我们的社会依赖于人才、角色和职业的多样性，如电工、建筑工、水管工、厨师、护理人员、木匠、修理工、工程师、保安等，他们可能有也可能没有大学学位，但对确保所有人的生活质量至关重要。很多人在这些职业中非常享受，并获得了巨大的成就感。而强调学校学习产生的一个负面影响是：教育系统并不关注这些职业，通常认为他们从事的是好学生不会选择的二流职业。

大家总认为，聪明的孩子才去上大学，其他人可能会早早离开学校，去找工作或申请职业课程学习怎么做生意，不管是哪种方式，他们都已经位于教育系统的底端。这个学术 - 职业的严格两分制度是教育系统最具腐蚀性的问题之一。

让我们回过头来快速看一看另一个故事，用以说明我们自造这个鸿沟后到底会有什么损失。和美国的大多数学校一样，加州塞瓦斯托波尔的阿那利（Analy）高中开设的“商店项目”（shop program）已经非常惨淡了，从前主要的购物空间已经变成了一个荣誉证书储藏室。学校关注的重点转向了为大学做好准备的标准化考试，职业计划已经退居次要地位。

但塞瓦斯托波尔也是《爱上制作》杂志的发源地，是创客运动的主要舆论阵地。《爱上制作》杂志提出让阿那利中学的学生到他们的办公室，用 3D

打印机、计算机辅助设备等进行探索。这个项目太受欢迎了，以至于他们的办公室开始人满为患，无法容纳。他们还同意如果阿那利中学扩大他们的职业计划，他们将向该校捐赠设备。

阿那利高中的老师凯西·谢伊（Casey Shea）非常支持这一想法，于是他们开始清理房间，添置了新设备和社区捐赠的其他物资和设备，现金和专家也都相继到位。这个项目很快又繁荣了起来，而不再是那些“橱窗里的学生”。

“参与的学生很多，从微积分代数基础都很难及格的孩子到已经在修大学数学选修课的人，”凯西告诉我，“至少有一半的孩子是那些会走传统‘学术之路’的人。我觉得吸引学生的原因在于，我们有 3D 打印机、各种电器和机器人等很酷的玩意儿。”

这个项目不仅仅是向孩子们展示如何使用一把塑料刀。“真正令人兴奋的是创业的角度。其中蕴含的前途绝不仅仅是进入大学，这些孩子们在这里会逐渐意识到，他们的想法可以转化成有价值的商品。在我看来，这开辟了一种体验世界的全新方式，他们不会都说：‘好吧，我要开音像商店。’他们能设计很酷的度假用品，卖出了价值超过 1 000 美元的东西。我们还为当地一家酿酒厂设计了一款杯垫。我们还有一个巨大的艺术社区，我相信这些人和小企业也会接受我们为酿酒厂所做的一切。这样一来，孩子们就会去开展业务，进行推广，并通过分析材料、时间和所有其他花费计算成本。我跟金融学老师说，我们必须将学生们真实的商业成果变成一堂商业课程。”

健康的经济体依赖于人们创业的好想法，以及他们成长并创造就业的能力。2008 年，IBM 发布的一项关于“组织领导对员工最大的期待是什么”的调查报告中提到，他们采访了 80 个国家的 1 500 位领导者，调查结果表明，组织领导关注的两个重点是：适应新变化的能力和创造新想法的能力。而很多高素质的毕业生都很缺乏这些品质。企业家在实施战略时需要的能力基本都不被教育改革者重视。而另一方面，标准化运动还会摧毁创造力和创新，虽然这两者正是目前经济赖以发展的能力。

赵勇说，毫无疑问，学生在标准化考试中成绩越好的国家越难展示出创业才能。我之前提到过，位于国际学生评估项目测评排行榜第一的是上海，但上海有关方面似乎并没有想象中的那么自豪。上海市教育委员会的一位高级官员侯琴（Houqin，音译）最近表示，对于他们学生的优秀成绩，他很高兴，但并不惊讶，毕竟他们的教育系统就是要让学生死记硬背，在这类测试中得高分。但这不是问题的关键。他说，上海教委正在考虑退出国际学生评估项目测评。“上海不需要所谓的‘冠军学校’，”赵勇说，“它所需要的是遵循良好的教育原则、尊重学生的生理和心理发展规律，并为学生的终身发展打下坚实基础的学校。”

1982 年，韦恩·格雷茨基（Wayne Gretzky）成了世界上得分最高的曲棍球球员。在采访中他说，他的秘密很简单：其他球员全都关注球在哪里，而他关注的是球即将跑向哪里。我们很难抵制疯狂的标准化运动的原因就在于，许多国家现在关注的只是眼下，而非未来。

当然，失业不仅是一个经济问题，更是可以摧毁生命和整个社会的灾难。当前在许多国家都出现了越来越多的社会排斥问题。在发达经济体中，富人、中产阶级和贫困人口之间的差距越来越大。根据美国 2012 年人口普查局的研究数据显示，美国的“贫富差距”（poverty gap）是 1 780 亿美元。贫困和社会剥夺会吞噬年轻人的教育成就，有些冲突还会冲击他们的环境，甚至最终打倒他们。教育不是收入差距的唯一原因，但标准化运动带来的教育模式会加大收入差距。标准化教育的单调性难以激励那些贫困的学生，并让他们变得强大。

标准化运动并没有达到预设的目标，同时，它对学生和教师的士气还造成了灾难性的后果。

1970 年，美国高中的毕业率为全球最高，而现在却是该项比例最低的国家之一。根据经济合作与发展组织的数据，现在美国学生的总体毕业率在 75% 左右，位居 28 个参与调查国家的第 23 位，其中某些社区毕业率还不到一半。总体而言，全美国高中每天都有大约 7 000 个年轻人“辍学”，一年总计接近 50 万人。其中的一些“辍学者”会继续接受其他形式的教育，例如社区大学或获得同等学力。但仍有大量的年轻人认定自己不适合传统教育。在其他国家也有类似的统计数据。由此产生的社会和经济代价都是巨大的。

总的来说，高中毕业生比低学历者更有可能找到工作，获得更高的薪资，并缴纳更多的税款。他们也更容易进入大学或选择其他的学习项目，更有可能参与社区建设，对社会福利项目的依赖也较轻。据估计，如果早年辍学的学生数量可以减少一半，因为社会福利项目减少和税收收入的增加将产生每年约 900 亿美元的净增量，10 年就几乎是 1 万亿美元了，这是一个巨大的数字。但是，这一切给成千上万的年轻人带来的益处会更有效用和意义。

《不让一个孩子掉队法案》的一个关键议题是，消除社会阶层之间的“成绩差距”。鲜有证据表明它已经奏效。“12 年前，《不让一个孩子掉队法案》出台，”美国校长协会的执行董事丹尼尔·多梅内奇（Daniel Domenech）在 2013 年写道，“标准化和责任制运动席卷全国，紧随其后的是由非教育者们提出的教育改革议程。到了如今，依然有一半的非洲裔和拉丁裔学生无法从我们的高中毕业，他们的辍学人数与学生构成不成比例，从中继续读大学和从大学毕业的人数更是少得可怜。”

学校的教师流失率也高得惊人。在美国，每 100 万名教师中每年有超过 1/4 的人离开这个行业，据估计，超过 40% 的教师会在入职 5 年内转行。极度贫困学校的情况尤其令人黯然，每年的离职率约为 20%。

教师流失很大程度上是因为不良工作条件。“有数据表明，学校的人力资源问题源于学校的组织方式和人们对待教师职业的方式。而且，教学人力资源质量和数量的持续改进需要教学工作质量的改善。”

“学校–监狱”管道

对一些人来说，没有完成高中学业会带来灾难性的后果。美国是世界上入狱率最高的国家，大约每 30 个成年人中就有 1 个人要接受司法处罚、进入监狱、被判缓刑或假释。当然，并不是所有从高中辍学的人就一定会走向歧途，也有许多高中辍学者已经实现了卓越而成功的生活。那些长期失业、无家可归、享受福利或接受司法处罚的人中，确实有很高比例的人没从高中毕业。在美国，州和联邦监狱中超过 2/3 的男性囚犯没有高中文凭。

美国每年在一名高中学生身上的平均花费是 5 000 美元，而在入狱者身上的花费超过两万美元，年度成本近 700 亿美元。从 1998 年到 2007 年，这个数字增长了 127%。相比之下，同期的高等教育投入只增长了 21%，简直难以想象。

我之所以要称之为“所谓的辍学”，是因为“辍学”这个词意味着这些年轻人在这个系统中失败了。更准确地说，是当前的教育系统淘汰了他们。每个提前离开学校的人都有自己这样做的理由，可能是出于家庭原因，受到同侪压力，或者只是发现在学校待着没什么意思。无论原因是什么，辍学都只是教育系统更深层次问题的一种症状，而不仅仅是问题本身。如果你开了一家公司，每年都会失去超过 1/3 的客户，你可能就会开始怀疑，真正有问题的是公司本身。

未毕业的人数已经够惊人了，但事实上，还有数以百万计尚在接受教育的学生，他们在整个学习过程中都无精打采、颇有不满。加拿大的一项研究揭示，这一类学生的比例高达 80%。这些学生不情愿地留在教育项目中，却对他们所做的事情毫无兴趣，只是等着每天学习结束，等着毕业之后去过毕业后的生活。

焦虑和压力

国际学生评估项目的国际排名大战中的学生和教师所付出的真正代价是什么？以国际学生评估项目所有科目的排名都在前五的韩国为例，他们对每个学生的花费约为 8 200 美元，总计占到了该国 GDP 的 8%，在经济合作与发展组织的国家中排名第二。韩国父母还会花数千美元为孩子的课后补习付费。但是，韩国在国际测试中获得好成绩的成本远不止这些，在经济合作与发展组织中的所有工业化国家中，韩国的人口自杀率是最高的。

在过去的 45 年里，全球自杀率升高了 60%。自杀现在是 15 ~ 44 岁人群的三大主要死亡原因之一。这些数据还不包括自杀“未遂”，这一数据比自杀死亡的人数高 20 多倍。过去，自杀率最高的群体是老年人，而当下年轻人自杀率已经发展到了惊人的程度，在 1/3 发达国家和发展中国家里，年轻人现在已经是自杀风险最高的群体。

探寻教育的“第一目的”

标准化运动的发生源自对学校教育标准合法性的关注。影响学生成绩的因素有很多，可能包括学生的学习动机、贫穷、社会问题、家庭环境、不良学校设施、教育经费匮乏、考试压力等。这些因素都不容忽视，任何想要提升学校成绩的措施都要考虑到所有这些因素，但是事实上我们从未做到这一点。即使在一些条件富裕的好学校里,学生的表现也不尽如人意。**环境并不决定命运。**为了说明这一点，我们将在这本书里呈现几个案例，它们都是一些“欠发达地区”的贫困学校，却通过创新教学与学习方式获得了不俗的成绩。

在某些案例中，低标准无疑是出于学校自身的缺陷，以及教学质量和教学方法上的问题。其中可能包括对“循序渐进”的教育中的一些核心观点的滥用，以及对“传统”教育特质的误解，我会在后续章节中讨论这些问题。无论出于什么原因，**教育实践和研究都一而再再而三地表明：提升学生成绩的关键因素在于学生的动机，以及他们对自己的期待。**而教育学生的最佳方式就是提升教学质量，形成一个丰富、平衡的课程表，建立具有鼓励性及有效性的评估系统。而政策反应正好相反：它们让课程表变得更单调了，还在抓住一切时机教授标准化的内容，进行标准化的教学和评估。这种反应明显是错误的。

所有证据都表明，标准化运动已经失败，而且它制造出的问题比它解决的问题更多。与此同时，一些在国际学生评估项目的有限项目中排名靠前的国家已经开始放弃排名大战，转向培养学生因标准化运动而被压制的技能和态度。在我看来这种转变迫在眉睫！

事实上，我们的孩子和我们的社会都需要一种基于不同原则的教育。为了了解这种教育应该是什么样的，我们确实需要回归基础。所谓基础，不是一个特定的主题、教学方法或评估策略，而是教育要实现的第一目的。

为了真正回归基础，我们需要完全改变自己对学校的认识，学校对自身的认识，以及从旧工业模式转向基于不同原则和实践的全新模式。人们并不是只有一个标准大小或形状，他们的能力和个性也各不相同。理解这个基本事实，是反思教育系统失败以及如何改造它的关键。要做到这一点，我们必须讲一个不同的故事，我们需要一个更好的比喻。

学校应该让学生理解和欣赏自己的文化和价值，尊重他人的多样性。教育应该促进和实践社会公平、公正的原则，帮助年轻人成为积极主动、富有同情心的公民。

CREATIVE
SCHOOLS

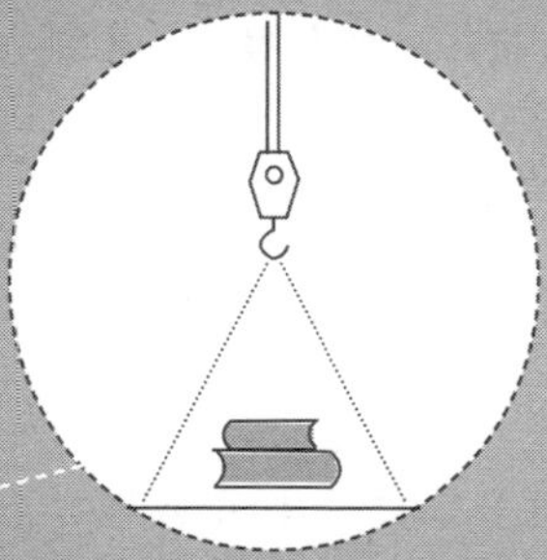

02 冲破工业化教育的藩篱

The Grassroots Revolution That's Transforming Education

CREATIVE SCHOOLS 学校里的汽车"工厂"

史蒂夫·里斯（Steve Rees）是一位与成年子女一起住在堪萨斯城的建筑师。有一天，他被邀请参加德拉萨（De LaSalle）教育中心的午餐会，这所特许高中致力于解决城市危险学生的需要。里斯参加午餐会前就知道，很多德拉萨的学生是从其他学校被踢出来的，他们当中有很多人过去惹过不少麻烦。但里斯在午餐时却发现：这些学生对生活的渴望超乎他之前的想象。

"有很多孩子直到现在都没找到一门适合他们的课程，"里斯告诉我，"有孩子存在学习、情感和社会问题，但他们仍有很大的潜力。"里斯决定在学校努力贡献自己的力量。他在德拉萨学校为高年级同学创立了一个辅修大学课程的项目，还建立了一个将德拉萨学生与堪萨斯城商业人士进行配对的辅导计划。这些志愿的商业人士会邀请学生共进午餐，花时间与学生在公司相处，并进行后续的午餐会。孩子们在这样的机会中能看到自己美好的未来，很多人也和导师建立起了意料之外的情感联结，获得了巨大回报。

这个项目果然产生了效果。但里斯觉得这只是一个开始。在那之后，他卖掉自己的建筑设计作品，离开了美国两年。不过，他从没有停止对德拉萨的思念，这些孩子对他的影响也并未消散。"虽然那些孩子的方向不一定正确，但他们确实充满了期待和勇气。”

当里斯回来美国，回到德拉萨学校后，他问学校领导是否可以让他在学校开设创造力和创业课程，学校很快同意了。“我们做的事情包括用牙签建一座桥，思考如何写一本书，或做其他的事情，我想要让孩子们开始对过程进行思考。运行一个理发店意味着什么？如果想一年挣8万美元，要如何运行一个理发店？那时候，孩子们都在争相读着《纽约时报》的商业版。”

这是非常积极的一步，学生们踊跃参与其中，真正的突破指日可待。里斯自称“汽车迷”，与学生在一起时，他们会一起设计概念汽车。“我们会设计车体而不必考虑实际操作。孩子们会做一些小的汽车模型，我们将选择其中一个，用聚苯乙烯泡沫塑料做成等比尺寸的样子。接着孩子们就会问：‘为什么我们不能做一辆真的汽车呢？’他们从不会羞于问可笑的问题，而我却一直在回答他们做不到。在回答了100遍否定答案之后，我想：‘这些孩子的思维不落窠臼，我需要找到一个方法来实现他们的想法。’”

里斯找到一辆被撞坏的旧印地赛车带给了他的学生。他们从用牙签建桥，制作聚苯乙烯泡沫塑料模型到达了更实际的一步：修复汽车。因为那辆汽车之前被用于比赛，所以是非常轻量级的。在一些人的帮助下，学生们把赛车改装为电动汽车，在这个过程中，里斯还意识到学生们可以从中学到环保责任和新技术。

在这一点上，德拉萨项目已经超出了里斯的控制，所以里斯把它变成一个非营利性组织，并命名为Minddrive。他们还收到了普利司通公司的赞助资金，这家公司还测试了里斯与学生们改装的那辆旧赛车，发现它的耗油量相当于每加仑700多公里。“突然间，孩子们觉得他们已经干成了一件大事，觉得自己被赋予了力量。在这个过程中，他们还学会了一些力学技术，以及构建一个团队的方法。”

在我写这篇文章时，Minddrive 的学生已经制造了 4 辆汽车：回收的 1999 年冠军赛车锦标赛的洛拉（Lola）赛车与 2000 年的列那（Reynard）赛车、1977 年的莲花精灵（Lotus Esprit）跑车和完全改装过的 1967 年电动卡曼·吉亚（Karmann Ghia）车。2012 年，他们驾驶着自己制造的车从圣地亚哥到达了杰克逊维尔，沿途有 40 个驿站，他们为观众们在每一站进行演讲，观众囊括了从学校到贸易组织，从公民组织到塞拉俱乐部（Sierra Club，又译作山脉社，是美国的一个环境组织）的各类成员。

2013 年，他们开着另一辆车从阿克伦到达了华盛顿。这辆车上配备着社交网络上所谓的“社会燃料”，众多社会媒体都参与了这一次活动，多个国家的新闻节目报道了他们的故事，甚至连理查德·布兰森（Richard Branson）、南希·佩洛西（Nancy Pelosi）这样的公众人物都开始为此撰写文章。

现在，来自其他 7 个地区的学生也加入了 Minddrive。“所有这些孩子都对汽车感兴趣，因为它代表着自由，”里斯说，“他们都对互联网感兴趣，因为这是一种并不昂贵的沟通方式。我们开始时是从学校的辅导员那里招学生。然后人们开始口口相传，到了现在，我们已经可以决定如何选择孩子了。就在去年，我们去德拉萨中学张贴了一张海报，说我们上午 10 : 30 在体育馆有一个会面，全校 180 个孩子中来了 53 个，他们都愿意放弃周六来参与我们的活动。

“在我们的项目里，孩子们获得了对自身能力的信心，还可以做出一些他们之前觉得不可思议的事情。我们总是试图做成一些非同一般的事情，比如驾驶电动汽车穿过整个国家。当孩子们达成目标时，他们就会对任何事情都充满自信，也会感染学校的其他孩子，同学们都能看到这些 Minddrive 孩子成功的故事。我们的孩子自己内心也会感到很特别，他们还会穿着 Minddrive 的 T 恤去上学。”

Minddrive 项目中的学生获得的成就已经足够让他们自豪了，而更具意义的是：他们多年来一直被当作低成就者来看待。“这些孩子都是位于后 20% 的高危儿童。我们对这些孩子的教育是相对滞后的，如果他们到我们的低年级就读，甚至连尺子上的刻度都不会读，而这已经是最简单的东西了。我们目前对他们学术能力的培养收效甚微。但我们发现，孩子们能够拥有不同的未来，他们能找到自己的热情所在，使他们的生活发生一些惊人的变化。我们的学生中有一个女孩之前成绩一直是 F，每个人也都认为她没有机会出现在荣誉榜上，也没有可能上大学。”

“这就是核心学校的真正价值。几乎所有孩子的成绩都提升了。今年，我们有 12 个高年级学生都毕业了，80% 的人都上了大学。我们真正在乎的不是他们是否去上大学，而是使他们拥有持续发展的生活。我们希望孩子们拥有家庭、房子和他们自己的车。”

The Grassroots Revolution
That's Transforming Education

非主流教育：教育的另一种选择

几年前，我被邀请参加一个在洛杉矶举行的“非主流教育”（alternative education）项目的会议。这些项目旨在让那些学习不合格或已完全辍学的学生重新回归。会议上提出的项目包括技术、艺术、工程、社区工作和商业职业等内容。虽然这些项目各有不同，但也存在一些共同特征：服务于那些在传统教育中表现不良的学生，如成绩差的、被孤立的、自尊感低和对前途感到茫然的学生。这些项目为这些愤怒的年轻人提供了一种不同的学习经验。

那些年轻人常常参与实践项目或在社区中帮助别人，或是参加一些艺术和表演工作，这些工作都是在团队中进行的。在导师的带领下，他们与来自其他领域的导师和杰出人士一起工作，比如工程师、科学家、技术人员、艺术家、音乐家、商界领袖等。通常情况下，这些“非主流”的项目都会产生不俗的效果。

通过这些项目，那些在学校一直颓靡的学生终于醒来了。原本认为自己呆笨的学生发现自己其实很聪明，原本担心自己一事无成的学生发掘出了自己的能力。在这个过程中，他们建立起了更强的使命感和自尊感，学习成绩往往也会出现巨大改善。自认为没有机会上大学的孩子发现他们可以做到了，而那些不想上大学的孩子也发现还有其他通向成功的人生路径。

让我吃惊的是，这些项目被称为“非主流教育”，如果所有教育都能有这样的效果，就不会有什么所谓的非主流。当然，Minddrive 等“非主流教育”项目的成功并非自动的和必然的，它要求参与其中的成年人要保持关注、热情和足够专业，要对学生有信任、意愿和承诺。每个项目、每一种关系都要像 Minddrive 学生改装汽车一样，精心细致地雕琢。同时，这些项目生动地突出了那些无法学习，甚至注定失败的学生，他们是被原本的教育系统疏离、边缘化了。还有很多人也曾遭遇过相同的处境，包括很多尚在教育系统之中的人，而造成这种现象最基本的原因，就是大众教育截然不同的操作原则。那么，这些原则是什么呢？而公共教育是如何从一开始就变成这样的呢？

工业革命催生现代教育

在发达国家中，我们理所当然地认为孩子 5 岁就应该上学，然后按部就班地完成 12 年义务教育。上学就像是一种自然属性，就像开车要靠道路右侧或左侧行驶一样。但大规模的公共教育系统是一个相对较新的产物，大多出现在 19 世纪中叶，作为工业革命的一部分，这种教育系统在大约 100 年前就开始在欧洲被酝酿。而在更早期，绝大多数人都住在农村，以干农活为生，城市主要是贸易和商业聚集的小型中心。在 16 世纪的欧洲，只有大约 5% 的人口居住在城市。农村中大多数人的生活和工作遵循着封建旧贵族的规则，他们的生活由季节更替和信仰仪式所决定，且大多是文盲，除了学习手艺和谋生的手段外，几乎没有接受过任何教育。只有富人和教会人员才能接受教育。

工业革命的发生改变了这一切。从 18 世纪中叶开始，一个接一个的技术创新改变了传统的商品与材料生产方式，尤其是羊毛和棉花，从而也产生了全新的用钢铁制成的商品。机床和蒸汽机革命性地改变了客运与货运方式，让运输的距离和速度都大大提升，如铁路、桥梁和越洋船只。工业化带来了对煤炭和天然气能源的巨大需求，随之而来的是原材料开采和冶炼等全新行业。大量的人潮从农村涌向城市中的工厂、造船厂和制造厂，还有些人在地下挖掘那些工厂赖以生产的煤炭和矿石。

随着工业革命进入 19 世纪，一种新型社会形态开始形成，在它的底部是新兴的城市工人阶级的男性、女性和儿童，他们会出售自己的体力劳动来运作那些巨大的工业机械。工人阶级的生活和工作条件往往极度贫困、极度肮脏，存在着持续的物理伤害和意外死亡风险。他们可谓是工业化时代的无名英雄。

在工人阶级和旧贵族之间还出现了一个在新经济体中繁荣起来的人群，即“中产阶级”，包括业主、行业大亨、律师、医生、会计师、企业家，以及他们所依赖的投资者和金融家。一些中产阶级是依靠自己的天赋和决心从贫困人群中脱颖而出的。总的来说，这些中产阶级对自己和他们的家庭都抱有很高的期望，也有实现这些期望的金钱和手段。基于各种原因，工人阶级和中产阶级开始敦促统治阶级赋予他们更大的政治发言权。与此同时，封建旧贵族的权力开始松动，一种新的政治秩序呼之欲出。

这一时期，许多机构开始遍布欧洲和北美，致力于促进商业、贸易、技术、艺术和科学思想之间的交流。与此同时，新生的慈善机构通过健康、教育和社会福利等慈善项目，开始致力于改善工人阶级恶劣的生存环境。

正是在如此动荡的情况下，对有组织的大众教育系统的需求日益增长，税收收入和中产阶级消费能力的不断提高，也让教育系统有了资金。所以我们可以说，当前被普遍诟病的教育系统是许多因素共同酝酿而生的结果。

工业化的矿山、工厂、铁路和造船厂需要不停重复辛苦劳动的“体力”劳动大军，需要更多具备工程、焊接、贸易、采矿、制造、建筑等能力的熟练“技术”工人，需要文书和行政人员来管理贸易和制造业产生的新官僚机构，还需要较少的“专业”阶层，如律师、医生、科学家和学者，以提供其他人能够负担的专家服务。所有的工业化国家都拥有广泛的殖民利益，特别是英国，因此他们还需要一个更小的“统治”阶级，那就是外交官、大使，以及维持国内外业务的帝国公务员阶级。

从一开始，大众教育就具有很强的社会目的。在美国，大众教育的目的是创造一种维护健康民主的公民教育。正如托马斯·杰斐逊所说：“如果说一个国家希望变得无知和自由，那么一个文明的国家就是在期待一些从未有过，将来也不会出现的东西。”一些人认为，大众教育是一种社会控制；对许多人来说，教育是一种推动社会机遇与公平的方式；还有一些人认为，去一所优质的学校，并与优秀的人相处，是培养中产阶级乃至上流社会后代的一个重要过程，并且如今依然如此。所有这些利益关系在大众教育的“结构和组织”中显而易见。

工业化需要更多的体力劳动者而非大学毕业生，这一需求比例大约是8 ：2。所以大众教育的义务教育结构就像一个金字塔：接受小学教育的人口数量最多，接受中学教育的人口数量稍少，接受高等教育的人数稀少，处于金字塔顶端。

小学教育的重点是识字和计算能力。在大多数国家，至少有两种类型的中学：以学术课程为主的一类和更偏重实际操作的一类。以德国为例，普通学校孩子的目标一般是计划进入交易职场，而实科中学学生则以银行等白领工作为目标，大学预科学校的学生就是要去读大学。1944 年，英国政府也设立了三种中学类型：选择性文法学校（selective grammer），主要是让一小部分学生为进入管理、职业领域和大学做准备；技术学校（technical schools），主要针对那些可能从事贸易的学生；而中等职业学校（secondary modern）的学生则会从事蓝领工作。

在工业时代的大多数时间里，大多数年轻人在 14 岁之前就会离开学校，主要从事体力劳动和服务工作，我的父母和祖父母就是如此。还有一些人会从事神职工作、技术培训或贸易学徒。只有很少人会接受大学教育并找到合适的职业。1968 年，我成了我们家进入大学的第一人。对于那些来自金字塔顶端家庭的人来说，去读了大学也就意味着在政府和殖民政府找到了他们的位置，但我没有这样做。

工业化生产的目的，是产生统一版本的相同产品，那些“不合格”的产品会被扔掉或进行再加工。而大规模的教育系统则被用来塑造符合特定需求的学生。正是因为如此，所以不是所有人都能通过这个系统，总有一些人会被淘汰。

工业化生产会“遵从”特定的规则和标准，而这一原则也适用于教育，标准化运动就是基于对标准课程、教学和评估的遵从。

工业化过程是线性的，从原材料变成产品要经过一系列的连续步骤，每个步骤都有特定形式的测试作为进入下一步的关卡。大众教育也被设计成了从小学、中学再到高等教育的一系列步骤，学生们则根据他们的出生日期被系统地安排进不同的年级和进度阶段。不同国家的教育系统各有不同，但大多数都具有阶段性的测验来决定学生是升级还是留级。

工业生产与市场需求密切相关，如果市场需求出现上涨或下跌，制造商就需要相应调整生产。而如果工业经济需要相对较少的行政和专业人员，进入大学的学生数量就需要得到严格控制。在我们这个时代，由于对知识劳动力的需求增加及大学扩招，导致进入劳动力市场的毕业生数量激增。强调 STEM 学科是市场原则被应用于教育的另一个例证。

就像一般的工厂一样，中学和大学也会按照“劳动分工”进行组织和安排。在中学，一天通常被划分为常规的模块时间，当铃声响起的时候，每个人就要改变任务和房间，转而开始做其他事情。教师则负责专攻特定的领域，每天都穿梭在不同的班级之间。

虽然这些原则可能适用于制造产品，在教育人时却会导致各种各样的问题。

教育中的“从众”（conformity）问题在于：人们并非一开始就是符合标准等级的。需要强调的是，在挑战学校里的从众观念时，我并不是在挑唆反社会行为，所有的社会都基于行为的一致惯例，如果人们总是轻视这些惯例，社会就会崩溃。所谓的从众，就是指教育中用单一的能力标准来评价学生，从而判定其“不够好”或者“有缺陷”，将他们从正常人中区分出来。从这个角度来看，从众的替代性选择不是宽容破坏，而是鼓励多样性。学生的天赋各种各样，应该对他们因材施教。

每个人都是独一无二的，每个人都有不同的生理特性、才能、人格和兴趣。而狭隘的从众观点不可避免地产生了大量被系统淘汰的不合规者，或是需要再加工的人。符合系统规格的人可以做得很好，而那些不合规的人则一塌糊涂。

这是形成严格“服从”（compliance）的教育文化的核心问题之一。我在这里谈论的不是行为标准和社会行为准则，而是讨论是否和如何鼓励学生提问并寻找与众不同的答案，充分发掘他们的创造力和想象力。在生产产品时，严格遵守标准是至关重要的，但人与产品截然不同。人与人之间的不同不仅在于外形和大小，在一般情况下，我们也非常富有想象力和创造性。而在合规的文化中，这些能力常常会被牺牲，甚至会遭到敌视。

线性原则适用于生产制造，但不适用于人。按照年龄段展开教育的假设是：学生最重要的共同点是他们的“生产日期”。实际上，不同的学生对不同的学科有着不同的学习速度。对某个领域有天赋的孩子可能学起另一个学科来非常费力；有些学生在一些活动中的表现可能相当于更年长学生的水平，却在另一些活动中落后于同龄人。我们在学校之外并不会用护栏将所有的 10 岁儿童与

9 岁儿童隔开，这种形式的隔离主要发生在学校。

供需平衡的原则同样不适用于人，因为生活本身并不是线性的。如果你询问一些中年人和老年人，他们中学的时候是否做了他们想做的事情，答案基本都是否定的。我们在各种顺境和逆境之间创造了自己的人生，而其中大部分的境遇我们并不能提前预测。

工业化生产常常会忽略与产品无关的原材料的价值，教育也是如此。专注于特定的学科和特定类型的能力意味着，学生的其他天赋和兴趣几乎被系统性边缘化了。这就注定会有很多人无法发掘他们在学校里的真正能力，也不知道他们的生活可能是被剥夺的结果。

大多数工业生产会造成大量的浪费，或生产出低价值的副产品，教育亦然。正如我们看到的，这种浪费和副产品包括，那些在学校表现不佳的学生，或是那些天赋不被教育系统重视的学生的辍学、疏离、自尊感低和就业困难。工业化过程可能造成环境灾难，通常还会要别人来收拾残局，经济学家将此描述为“外部性”。化学物质和有毒废物流入河流和海洋，污染环境，破坏了微妙的生态系统。烟雾从工厂和发动机引擎排出，造成了很多呼吸健康的问题。收拾这种残局往往需要数十亿美元的代价，但这通常不是由生产商买单，而是纳税人。肇事者不会认为浪费是他们的问题，教育也是一样。

感觉被施行标准测试的位于教育系统边缘的学生可能会愤然退学，但他们仍然和其他人一样，需要承担失业救济和其他社会福利项目的成本。这些工业化教育副产品的出现并非偶然，它们是这些系统的结构性特征之一。工业化教育的设计是根据特定的人才理念和经济需要来对人进行加工，在这些目标之上，产生赢家和输家是其必然结果，事实也是如此。而如果教育能真正给每个学生同样的机会去探索自己的真实能力，创造最好的生活，这些救助项目根本就不会出现。

所以，如果工业化原则对教育而言不适用，那么适合的是什么样的？教育是一个什么样的系统？它可以如何改变？思考这种转变的一个好方法是换个比喻。如果你认为教育与工业化生产的比喻现在不如以前说得通了，那么，你就很容易做出可以进行修复的错误假设：如果它可以调整并以正确的方式标准化，它将一直奏效。但事实并非如此，因为教育根本不是工业化过程，只有部分政客才会喜欢这种比喻。

教育是一个有机系统

如果你读过《让天赋自由》[①]（*The Element*）这本书的话，你可能还记得理查德·杰弗（Richard Gerver）的故事。作为英格兰中部格兰治小学校长的他，创建了“格兰治镇”这个模拟小镇，这个小镇里的每一份“工作”都是由学生完成的。通过在这个小镇里的工作，这些学生不仅学习了更高水平的核心学科，同时也体验了高度的参与感。

当杰弗到达格兰治小学时，学校多年来一直表现不佳，学生数量也在下降。学校的声誉很差，一般都处于不稳定状态。那个时候有很多人在谈论回归基础，杰弗也在思考这个问题，不过他采用了不同的方式。

> 我谈论的“基础”是我们与生俱来的生物天赋，人类是这个世界上最不可思议的学习型生物，我们出生时就具备所需要的全部技能的基础。

① 本书中文简体字版已由湛庐文化策划，浙江人民出版社出版。——编者注

> 婴儿和年幼的儿童拥有非常自然的创造力和好奇心。在思考如何改变格兰治小学的时候，我一直在想：我们是否能找到一种利用自然学习能力的方法，并理解教育系统在做什么，从而进行阻止。如果我们可以做到，我们就可以创建一个非常棒的学习环境。
>
> 所以我们说，“我们先来看看孩子们是如何学习的，我们真的花了些时间来观察孩子们在托儿所和早期教育环境中的表现，以决定我们可以如何进行改善”。我们看到，孩子们很明显有一种沉浸在角色扮演和体验学习中的自然倾向。他们通过味觉、嗅觉和视觉材料就会产生很多模仿和强大的学习行为。这就是我所说的三维学习。
>
> 我们创建了一个有电视台和广播电台的城市，因为这不仅仅对学龄前儿童，而是对所有孩子来说，在角色扮演的环境中都是很酷的。如果你要让一个幼儿园的孩子学会照顾自己，就可以让他们来进行一场模拟的手术，让他们扮演医生和护士的角色。我们认为，“如果要让孩子了解文化和语言发展的力量，我们就应该构建一个电视台和广播电台，这样他们就可以获得现实情景中所需的这些技能”。11 岁的孩子会和 5 岁的孩子一样爱玩医生手术的游戏。对我们来说，一切都必须最终指向丰富体验和适应环境。

接下来，我们将要欣赏一下这些早期最佳实践者的伟大技能，他们没有构建环境，只是鼓励玩耍。“这些早期环境的规划背后有着明确的技能发展目标，我想去探索我们可以如何通过角色扮演的体验来培育团队合作、坚韧毅力、自信和社会责任感。”

格兰治镇带来的转变在各方面都成效突出。大多数对上学已经毫无兴趣的学生变得非常投入和热情，学校总体成绩的改善也远远超出了所有人的预期。在3年多的时间里，格兰治小学从学区成绩最差、最不受欢迎的学校成了整个学区最好的学校。

> 我们格兰治小学学生的学习成绩排在前5%。我的学生和我的工作人员比任何一个学校的人都更努力，但他们没有丝毫抱怨，因为他们看到了它真正的影响力。尽管目前的工作量很大，但每个人都在全力以赴。

格兰治小学的转变说明了我的三个核心论点：**目前的教育体制内存在创新的空间，领导者的远见对变革的影响巨大，校长和教师需要在学校创造有利于学生全面生长的最佳环境。**

目前为止，所有的例子都在证实这些论点。同时，它们也表明：尽管政客们有时把教育当成一个工业化过程，但事实并不如此，教育是一个有机的过程，教育的对象是人，而不是无生命的东西。如果我们认为学生只是产品或数据，我们就误解了教育的本质。从螺丝到飞机，任何产品对它们如何被生产和它们的经历都没有意见或感想，但是人有。人有动机、感觉、环境和才能，人的经历会对以上因素产生影响，这些因素也会反过来作用于人的经历。两者的关系既可能排斥又可能合作，既可能协调又可能失调，这种理解比大众教育和工业化的类比更贴切。

到目前为止，我一直在将教育与生产制造进行比较。你可能会想，这也没什么，没有人会真的相信学生是生产部件，而学校就是工厂。在大多数情况下这样想是没错的。而在我看来，比工业化教育更恰当的比喻是工业化农业。

工业革命不仅改变了生产的对象，也改变了农业。在前工业化时期，绝大多数人居住在农村，以农活为生，他们会为了自己食用或当地的消费，不断提高作物和动物的产量。而在 18 世纪，这一切开始发生变化。机械犁、打谷机等其他材料（棉花、甘蔗、玉米等）加工设备的发明在农村掀起了一场革命，影响和城市里的工业革命同样深远。工业化带来了种植、收获和加工各种作物的超高效率。20 世纪中化肥和农药的广泛使用，极大地增加了作物产量产能，这些农业工业化和粮食生产的创新也反过来支撑着人口的巨幅增长。

农业工业化系统的主要目标之一是提高作物和动物的产量，目前也已经取得了巨大的成功，为人类带来了巨大的利益。和许多工业化过程一样，这些成功总要在其他方面付出高昂的代价。

农药和化肥流入河道和海洋造成了毁灭性的污染，昆虫灭绝引发了依赖于它们的整个生态系统的失衡，由此出现了蕾切尔·卡森（Rachel Carson）的名著《寂静的春天》。作物生产的代价是不断缩减的全球耕地面积，以至于目前生产的可持续性已经成了非常严重的问题。

动物产品的工业化生产也存在类似问题。工业化农场取代了开放式放牧，大量动物现在被养殖在室内，旨在以最大化产能降低成本，养殖条件也包括为了促进动物体积和价值增长而广泛使用生长激素。因为这种养殖条件非常不自然，动物生产也越来越依赖于强大抗生素的广泛使用来控制疾病，所有这些工业技术的使用对人类健康都有着相应的副作用。

在过去 30 年间，提倡有机农业系统的运动浪潮越来越大，而有机物种植的重点不是作物，而是土壤本身的培育。一个基本的区别是：所有作物生产都取决于土壤的活力和长期可持续性。如果生态系统管理良好，植物的健康状态会随着产量的增长而好转，其目的是把农业看成更大的生活网络的一部分。人们对待动物也采取了同样的方式。尽管有机农业这个术语涵盖的现实范围非常广，但其核心就是四个基本原则：

- 健康：此农业生产中所有东西的健康都是同样重要的，从植物到土壤，从动物到整个星球，任何牺牲它们的健康和幸福的做法都应该避免。
- 生态：农业生产必须符合生态系统及其周期，这对于维持生命系统的平衡和互依性至关重要。
- 公平：每一方，包括农民、工人、消费者的参与过程都应该被公正对待。
- 关注：任何新技术在使用之前，都必须充分考虑它对现在和未来生活环境的影响。

和农业一样，工业化教育的重点也越来越多地强调输出和产量：提高考试成绩、占据排行榜前列、提高毕业生数量。

和农业工业化一样，许多学生和教师也都同样生活在抑制生长的环境之中，他们常常会感到无聊和不满，越来越依赖于集中注意力的药物来完成项目。同时，外部效用的成本极高，而且仍在进一步提升。工业化的教育系统已经运行了一段时间，现在几乎耗尽了自己和系统中的大多数人，所以我们付出的代价是侵蚀了学习的文化。

只有当我们明白教育是一个有机系统，人们能在某些情况下繁荣发展而在另一些情况下不能时，我们才能真正改善教育。有机农业的 4 个原则可以直接转变成我们迫切需要培养的教育原则，表述出来就是：

- 健康：有机教育可以促进所有学生的发展和幸福感，包括智力、生理、心理和社会方面。
- 生态：有机教育能够认识到这些发展方面之间相互依存的重要性，对单个学生和整个社会而言都是如此。

- 公平：有机教育能够培养所有学生的个人天赋和潜力，无论他们的背景和生活环境如何。
- 关注：基于共情、经验和实践智慧，有机教育可以为学生创造最佳的发展条件。

那些最好的学校一直在实行这些原则。如果所有的学校都能如此，我们所需要的革命就算进展顺利了。无论如何，我们面临的任务都不是要牺牲参与度来扩大学校规模，而是要提振学校的生活文化，这是这些原则的真正主旨。

新型教育的 4 重目标

学校文化应该实现哪些教育的基本目标呢？在我看来，有 4 个方面：个人目标、社会目标、文化目标和经济目标，这里我们按照倒序来一一描述。

经济目标

“教育应当使学生获得知识和技能，并理解他们必须承担经济责任，实现经济独立。”

有时候人们会认为，教育最重要的就是教育本身，学校里发生的一切都不应该受到外部利益的影响，例如商业和经济需要。这种想法很幼稚。大众教育一直都有它的经济目的，这是完全合理的，但这并不意味着教育仅仅只有经济目的。我们后面会提到教育的其他目的，但无可否认的是它对个人、社会和国家的经济影响。

政府在教育方面的投入甚多，因为他们知道受过教育的劳动力对经济繁荣至关重要，学生和他们的家人也明白这一点，这就是为什么印度 80% 的贫困家庭会在教育上花费家庭总收入的 1/3，仅次于食物和住所。和其他地方的父母一样，他们希望教育能帮助他们的孩子找到工作，实现经济独立，我也是如此。我无法告诉你我有多么希望我的孩子能尽快在经济上独立。如今的世界正经历着深刻变革，那么现在的学生究竟需要什么样的教育呢？

因当前教育系统而生的许多工作正在快速消失。同时，许多新形式的工作正在崛起，特别是受到数字技术的变革影响，我们几乎无法预测在 5 年、10 年或 15 年之后，学生在学校会做什么，如果未来还有学校的话。

如今有很多关于学校培养 21 世纪技能必要性的讨论。美国推行的“21 世纪技能”（21st Century Skills）由 19 个州的财团和 33 家企业合作提出，主要目的是推广广泛的课程和学习方法，具体内容如下。

跨学科主题：

- 全球意识
- 金融、经济、商业和企业家素质
- 公民素养
- 健康知识
- 环保意识

学习能力：

- 创造力和创新力
- 批判性思考和问题解决能力

- 沟通和协作

生活和职业技能：

- 灵活性和适应性
- 积极性和自主性
- 社会性和跨文化技能
- 效率与绩效
- 领导力和责任感

我们将进一步讨论这些。很明显，这些不仅仅是“21 世纪技能”。许多学校和教育家早在 21 世纪之前就开始实践和培养这些技能了。这些技能一直都很重要，现在更是如此。标准化运动提出了这些技能，但是学校实践在很大程度上否认了它们的地位。当前最新的和急迫的挑战是要提供新的教育教学模式，以鼓励年轻人参与到全球经济可持续事务和环保事业中，让他们参与到提倡健康、改良自然资源使用方式的经济活动中，而不是去参与那些浪费和滥用资源的活动。

为了实现教育的经济目的，学校需要培养年轻人多样化的天赋和兴趣，需要消除学术性和职业性项目之间的巨大差异，赋予它们同等的重要性，还需要与社会职业建立起现实的伙伴关系，这样年轻人就可以直接体验不同的工作环境。

文化目标

学校应该让学生理解和欣赏自己的文化和价值，尊重他人的多样性。如果人们定期联系的话，他们就会逐渐影响彼此的思考和行为方式。随着时间的推移，每一个有凝聚力的人类社会都会发展出共同的习俗和价值观。最后，他们会发展出一种文化。我将文化理解为“定义不同社会群体的价值观和行为模式”，可以概括为“文化是我们在周围环境中做事情的方式”。

一个社会的文化中有许多相互交织的力量：信仰体系、法律实践、工作模式，以及被认可的关系、食物、服装、艺术实践、语言和方言等。所有这些元素是如何交互形成了文化生活呢？一个社会中通常有很多亚文化群，即那些属于或排斥文化中某个方面的个人和群体，比如地狱天使（Hell's Angels），他们的成员反对资产阶级社会符号，却依然会在拉尔夫超市购物，使用高速公路。

除非一个社会在物理上被长期隔离，就像亚马孙河流域目前的某些部落一样，否则文化总是会受到与他者互动的影响。随着世界变得越来越拥挤，联结也越来越紧密，文化也在变得越来越复杂。最近，我在网上看到一个关于英国人的笑话，它是这么说的：英国人就是开着德国车回家，半路上停车去买印度咖喱或意大利比萨，然后回家坐在瑞典家具里，喝着比利时啤酒，看日本生产的电视播放的美国节目。英国最大的特色是什么？恐怕就是国际特色了。

成年人以及更大比例的儿童，会在各种文化及亚文化群体中流动。例如，洛杉矶联合校区（Los Angeles Unified School District，简称 LAUSD）有 70 万学生，是美国的第二大学区，仅次于纽约。该校区的学生中大约有 73% 拉美裔，12% 非洲裔，9% 白人，4% 亚裔和 2% 菲律宾裔。该学区的学校里共有 92 种语言，以英语为第二语言的学生超过了 2/3。

哈罗德·罗森（Harold Rosen）是 20 世纪 70 年代我在伦敦大学的博士论文导师之一，他是一位非常杰出的教师、活动家和特聘英语教授。我还记得一次跟他在有关学校语言多样性的伦敦会议上的谈话。有人抱怨说，他们的工作变得非常困难，因为学校里实在有太多语言了，大约有 80 种。当时的哈罗德对于语言教师将语言多样性视为难题感到非常惊讶，在他看来，文化多样性是人类存在的辉煌成就之一，所有社会的生命都是因为其自身文化和其他文化的实践及传统而变得异常丰富的。

多元化也存在它的负面影响。价值观和信仰的不同也可能滋生仇恨和敌意。自人类有历史以来，文化产生的冲突就和金钱、土地及权力产生的冲突一样多。地区冲突常常集中在文化冲突上，如基督徒和穆斯林、逊尼派和什叶派、天主教徒和新教徒、胡图族和图西族等之间深刻的文化分歧。社会对立也通常由感知差异产生，如白人和非洲裔美国人、异性恋和同性恋、年轻人和老年人。随着人口越来越多，人性也越来越复杂，尊重多样性地活着已经不仅是一个道德选择，更是必要的实践。

学校有三个重点工作：帮助学生了解自己的文化、了解其他文化，以及形成文化的宽容和共存精神。为了实现这些目标，学校需要一种广泛、丰富，而非狭隘、贫乏的课程，而标准化运动一开始就不太关注这些复杂性。

社会目标

教育应该促进和实践社会公平、公正的原则，帮助年轻人成为积极主动、富有同情心的公民。公立学校一直标榜自己是自我实现与成长成功的黄金之路，无论学生出生与成长的社会阶层或环境如何。对有些人来说，他们的梦想已经成真了，但对很多人来说还远未达到。全球富人和穷人之间的差距与日俱增，不仅是美国如此。学生成绩方面也存在这种差距，尤其是在白人与有色人种之间。

对于那些贫困学生而言，教育的阶梯已经越来越摇摇欲坠。分散的资源、教师的高流动率、多种多样的社会问题，这些都意味着学校不再是通往成功的高速公路，而是教育的死角。标准化运动并没有解决这些不公平现象，反而加剧了这一切。

还有另一个问题是，民主国家中教育的目的是为了培育积极的公民。我目前住在洛杉矶，2013 年 6 月这里举行了市长选举活动，这可是这个城市里最重要的职位。8 个候选人和他们的支持者花了大约 1 800 万美元，用于举行各种活动。然而，洛杉矶 180 万注册选民中只有 16% 参与了投票。美国已是一个人民放弃投票权利的国家，其他国家也是如此，包括英国。

英格兰的德比赛马（Epsom Derby）场上曾经发生过一件引人注目的事，德比赛马是这个赛季中最重要的赛事。1913 年，赛场上出现了乔治国王的马。当马群接近比赛最后阶段的时候，一位年轻的女士艾米丽·戴维森（Emily Davison）钻过护栏，跑到了飞驰的国王的马前。她倒在了地上，失去意识 3 天后在医院里不幸逝世。我们不知道她是否真的想死，不过她有对抗国王的马的理由。艾米丽·戴维森是争取妇女选举权的运动领袖，她以死推进了妇女投票权运动。

50 年后的 1963 年，马丁·路德·金在华盛顿特区进行了具有史诗意义的演讲《我有一个梦想》。他证明了民主能够赢得美国开国元勋们的支持，至少在精神上，他呼吁的民主是“包容、独立和变革”的，但半个世纪过去了，仍有许多人否认投票权，也有很多人虽然拥有投票权却不去使用它。

民主社会取决于大多数人在投票箱前和社会中扮演积极公民的力量，民主最有力的工具是投票箱。但在很多民主国家，这个工具已经不再有力了。学校对于培养公民至关重要，如果仅靠公民的学术课程，学校是无法实现这样的使命的，而学校应该教会学生如何在每一天中践行这些原则。

个人目标

教育应当使年轻人发展自己的才能和兴趣，并全身心参与到世界和周围的环境之中。教育是一个全球性问题，但它同样也是一个深刻的个人问题。如果我们忘记教育能够丰富人们的思想与心灵的话，我们就无法实现教育的其他目的。当前教育系统的许多问题都是因为我们没能理解这个基本点。所有的学生都是独一无二的个体，拥有自己的愿望、天赋、焦虑、恐惧、热情和抱负，而只有真正将他们视为独立的个体才是提高成绩的核心。

作为人类，我们都生活在两个世界中。一个是不以人的主观存在而存在的世界，在你来到之前它就存在了，在你消失后它也依然存在，这是客观事物与其他人的世界，是你周围的世界；另一个世界则是因你的存在而存在的世界，是由你自己的想法、感受和观点构成的私人世界，它是你内部的世界，这个世界随着你的存灭而相应变化。我们只能通过内部世界来了解周围的世界：通过我们的感官感知它，以我们的想法来理解它。

在西方文化中，我们已经习惯了这两个世界之间的区别，即思维和感觉、客观和主观、事实和价值之间的区别。稍后我们将讨论这些区别其实并不像它们看上去的那样不可撼动。而我们如何看待周围的世界受到我们内心感受的深刻影响：我们的感觉可能会被我们的知识、认知和个人经历所塑造。我们的生命是要在两个世界之间建立互动联结，其中的每一个都会影响我们对另一个的看法和行动。

传统的学习课程几乎完全集中在我们周围的外部世界，而很少关注内部世界。而我们可以看到每天的无聊、疏离、压力、欺凌、焦虑、抑郁和“辍学”，都是亟待解决的内部问题。

正如我们在《让天赋自由》这本书里所说的，人们对周围世界的贡献与他们对待自己的方式有关。有些事情我们希望所有学生都知道、都理解，并追求达到这样的教育成果。但学生们也有自己独特的才能、兴趣和性格，教育必须参与其中，使教育的个人性对课程、教学和评估产生影响，这就涉及学校文化的转型。那么在实际操作中是什么样子的呢？

教育改革的根本任务是创造能让学生和教师之间的关系蓬勃发展的环境和条件，只有这样才能形成一个负责任的自然生态系统，这是我认为教育改革应该做的第一步。

CREATIVE SCHOOLS

03

让规则见鬼去吧!

The Grassroots Revolution That's Transforming Education

CREATIVE SCHOOLS 引航者“北极星”

“试想一下，如果昨天是你在学校的最后一天，你想做些什么？”这是马萨诸塞州青少年“北极星”自主学习组织（North Star Self-Directed Learning）的创始人肯·丹福德（Ken Danford）经常对孩子说的，这些孩子渴望学习，却发现学校令人沮丧、疏远而又颓靡。当丹福德告诉他们不需要去学校时，“他们惊呆了，”丹福德告诉我，“他们说：‘真的吗？如果这样还可以跟你一样上大学，找工作，而且依然被人喜爱吗？’之前从来没有人告诉过他们这些。”

一开始，丹福德并不是个偶像破坏者。他读了大学，在马萨诸塞州的阿默斯特中学找到了一份教师工作。丹福德一直很喜欢学校，所以当他站在全班同学面前时，他并没有准备什么。“这太可怕了！这些孩子根本不想待在那里。我努力讲授着他们不想学的美国历史。我还发出警告：‘如果你们在八年级不学美国历史，以后什么都做不了！’我自己听着都觉得这简直像个白痴说的话。我要去批评他们的帽子、迟到和不断去厕所，如果我对这些事要求不严格，学校就会批评我。但我做不到，我无法跟这些孩子严肃地说这些，为这些琐事小题大做。”

“我那时候在读《青少年解放手册》（*The Teenage Liberation Handbook*），

这本书里将在家教育、不上学描述成了学校叛逆者的天堂，他们会说：‘我的人生要做出点什么。我没有一天可以浪费。直到18岁启程之前我一直在等，我即将启程。’事实证明，只有拥抱生活的人才能茁壮成长。所以我开始思考不去上学会带来什么影响，问学生想学些什么。你今天想待在这里吗？你想去哪里？和谁在一起？想和他们在一起待多久？不想跟我学历史？好吧，那就不跟我学历史。不想读书？那就不要读了。你是怎么做到的呢？你不是创造了一个学校，而是创造了一个社区中心，开创了一个项目。你告诉孩子：‘我会帮助你的，你的父母主要负责你的生活，而我们这个地方也很舒适快乐，你想待多久就待多久。只要不伤害他人，你在这里可以做你想做的任何事情，来去自由。你猜会怎么样？它可能会变得很棒。’”

“北极星”就是一个中心，丹福德和他的同事非常小心地不想将它称为一所学校，而它也确实没有通过学校认证，它可以帮助青少年发现他们对那些非主流学习的热情。虽然不是一所学校，但从很多方面来看，“北极星”都是学校的一种有效替代。“对于那些在学校感到非常痛苦因而不想上学的人来说，‘北极星’就是他们最好的选择。他们中有些人成绩优异，有些人有自己的爱好，当然也有些人搞不清楚状况，总而言之，他们有着各种各样的问题。”

“成就一个人，让他们选择做自己，这实在意义深远。但如果我们还像现在这样教学的话是做不到的。学生们想做什么？他们想要我提供什么帮助？很多学生对此并没有答案，所以他们想要不断地尝试去找到答案。但他们也有可能会拒绝一切，虚度生命，只是想看看无所事事到底会怎么样。这多有趣啊！”

听起来“北极星”似乎会加速辍学，但事实正好相反。大多数“北极星”参与者都进入了大学，包括麻省理工学院、布朗大学、史密斯学院、加利福尼亚大学洛杉矶分校和哥伦比亚大学等。参与“北极星”的经历常被大学招生负责人看作一种加分项，因为“北极星”的孩子们拥有自主意识和求知欲。丹福德还给我讲述了一个特别的例子。

“我们有一个学生，在家接受教育到七年级时来到了这里。他常常四处走动，与人交谈，试图让自己的人生变得更开阔。他在这里非常努力地学习数学，他还有一位导师。15 岁的时候，他就在社区学院报名选修了微积分，并在考试中得了 A 的好成绩。他为了修高级微积分不得不去马萨诸塞大学旁听，同样取得了好成绩！夏天的时候，他又在马萨诸塞大学修了两门比《微积分 2》更高阶的课程。而这个时候他 16 岁了，再也不能去旁听课程了，所以他去了招生办公室，他对招生负责人说：‘我已经 16 岁了，没有三四年时间可以晃荡了，我从来没有参加过学生能力评估测试考试，我只知道我要进入马萨诸塞大学，这样就可以修那些高等数学的课了。’最终，招生办公室把他纳入了团体联盟（Common Wealth）项目，这个项目本是为优秀毕业生设计的。当那个学生在 20 岁毕业时，他拿到了数学和中文双学位。”

当然，不是所有“北极星”的学生都有这样的经历，但他们通常会体验到在学校里从来没有体验过的投入感，而且在离开这个中心的时候，他们已经准备好去做一些积极的事了。“北极星”模型也创建了“解放学习者”（Liberated Learners）推广计划，主要用于帮助别人创建“北极星”模式的学习中心。

丹福德和“北极星”中心都明白：学习有各种各样的形式和规模，孩子不能以统一的方式进行教育。只有当教学方式和最适合学生的学习方式匹配时，才能最大程度地激发他们的兴趣，获得巨大的飞跃。作为一个非传统模型，“北极星”的成功表明，所有学校都需要重新审视他们服务学生的方式。

美国VS芬兰：谁是教育的榜样

我经常听到人们说：“我们学区想迎合学生的个人需求，但是州政府或联邦政府不让我们这样做。”当然，正如我们已经指出的那样，州和联邦项目专注于标准化的课程和高风险测试，所以会严格限制当地学校系统的灵活性。我们需要彻底改革这些政策，但同样重要的是，必须在系统内部进行改革。正如在第 1 章提到的劳丽·巴伦的烟雾路中学，以及本书中的很多其他例子表明的那样，基于有机教育的四项原则，我们应拥有创新和实践的空间。

虽然对高风险测试的重视已经登峰造极，但每个学校都还有改变的机会。学校做事情经常是因为他们一直是这么做的，任何一所学校的文化都包括每个人每天的行动习惯。这些习惯是强制的而非自发的，例如按年龄分组的教学，一样长的学时，上下课的铃声标识，让所有学生都朝着教室前面的教师而坐，数学课只教数学，历史课只教历史等。很多面临着不利条件和曾经深陷泥潭的学校都在系统内部进行创新，获得了令人鼓舞的成果。基于目前的教育系统，创新是具有可行性的。

我早些时候说到过，**我们需要三种思维来改变处境：对现状的“批判”，对未来的“愿景”，以及对从现状到未来的“变革理论”的批评**。这里有两个国家改革的例子，它们从根本上改变了这三点，也获得了天壤之别的结果。

1983 年，美国教育部发表了一份报告《国家在危机中》，激起了公共领域和政治领域的激烈辩论，这是由多位一流的教育家、政治家和商业领袖共同起草的。该报告警告：美国公共教育的标准极低，且仍在持续下降。“我们要告诉美国人民，”作者写道，“虽然我们完全有理由为我们的学校和大学的历史成就，以及它们带给美国和人民的福祉感到自豪，但是我们目前的教育基础在被平庸潮流侵蚀着，这将会威胁整个国家和美国人民的未来。对于上一代而言，难以想象的事情已经开始变成事实，其他人已经赶上甚至超越了我们的教育成就。”接着，报告中还例举了一个惊人的观点：“如果某一不友好的外国势力试图加强我们目前这种平庸的浪潮，我们完全可以认为这是一种战争行为。但事实上，我们还在允许这样的事情发生。”

报告引起了巨大反响。里根总统说：“这种公众意识（我希望是公共行动）来得太迟了……这个国家建立的根基是美国人对教育的尊重……我们现在面临的挑战是实现教育的复兴，让美国重塑能代表国家历史的教育。”在接下来的几年时间里，数亿美元流向了各个美国学校用以提高教育标准。克林顿当选总统后发起了教育挑战，宣布他的改革战略的核心是“2000年目标”，这一目标建议对学校的教学内容、学科和学龄建立共识。在联邦教育部部长理查德·莱利（Richard Riley）的领导下，一个适应美国国情的国家标准制订计划诞生了。尽管有各种野心并取得了一些重大成就，在许多州的反对下，“2000年目标”还是不可避免地走向了衰落，这些州认为，联邦政府没有资格规定他们的学校应该做什么。

乔治·布什当选总统后颁布了《不让一个孩子掉队法案》，并投入了无数的财力、时间和精力，在全国上下大范围推广了标准化测试，营造了沉闷的氛围，但结果依然令人失望。在我写这篇文章时，美国各学校的肄业比例仍然很高，学生的读写能力和计算能力也没有起色，学生、教师、家长、商界领袖和政策制定者也表现出了普遍不满。无论主观意图有多好，许多改革措施在美国都没有奏效，甚至难以立足。只要还在续写错误版本的故事就没有胜算。

人们对标准改革运动的批判在于：传统的学术标准太低，必须提高。而他们所谓的“愿景”是，创造一个拥有较高学术标准、更多人拥有大学文凭并能充分就业的世界。而实行变革最好的做法就是确定具体的标准，并通过持续的标准化考试坚持这样的标准。

芬兰的情况已经截然不同。在国际学生评估项目中，芬兰学生在数学、阅读和科学排行榜上名列前茅，自从2000年国际学生评估项目测试开始实施以来就是如此。但这并非与生俱来，40年前芬兰的教育体系也曾陷入危机，但芬兰没有选择标准化和测试的道路，而是进行了思路完全不同的改革。

芬兰所有学校都采用了广泛而均衡的课程架构，其中包括艺术、科学、数学、语言、人文和体育，但是学校和学区对于教学模式拥有足够的自主权，主要优先实践项目、职业项目和培养创造力项目的发展。芬兰对教师的培训和发展进行了大量投资，在那里，教师是一种非常体面和稳定的职业。对于学校管理和职业支持，学校校长拥有广泛的自由裁量权，他们还鼓励学校和教师合作，而不是让两者互相争抢资源、想法和专业知识。此外，学校还鼓励学校与它们所在的社区、学生家长和家庭保持密切联系。

芬兰也保持着在国际测试中一贯的高标准成绩，但其教育系统中除高中毕业考试之外没有一次标准化考试。为了实现高标准，芬兰的学校并没有做其他任何事情，他们达到高标准只是因为他们努力做到了上面描述的这些事情。这一系统是如此成功，以至于来自世界各地的访客纷纷前来朝圣，学习芬兰教育系统中发生的奇迹。芬兰的教育系统真的是完美的吗？当然不是。但是它在不断改进，就像一个有机系统一样。总的来说，芬兰的教育是成功的，而其他国家的教育系统正在面临灾难性的急速堕落。

你可能会说，我们不能拿芬兰和美国的现实进行比较。芬兰人口只有 550 万，而美国的人口是 3.14 亿。芬兰是一个只有 337 平方公里的小国，而美国的国土面积占据了近 1 036 万平方公里。这些都没错，但我们仍然可以对两者进行比较。

在美国，教育主要在州一级进行组织。美国 50 个州中有 30 个州的体量等于或小于芬兰。俄克拉何马州人口接近 400 万，佛蒙特州有 60 万多一点。最近我在怀俄明州，我几乎可以说是那里唯一的人口。即使在人口众多的州里，真正的行动也都发生在学区之中。美国有将近 1.6 万个学区和大约 5 000 万名学龄儿童，平均每个区有 3 000 多个学生，这意味着他们的学生比芬兰更少。

我们并不是要美国政策制定者改说芬兰语，并将他们的州首府都命名为新赫尔辛基。在其他方面，芬兰和美国之间确实存在重大差异。文化上，芬兰比美国一些州的同质化更严重。这两个国家有着不同的政治文化和税收及社会福利制度。然而，芬兰改革教育的原则确实也可以迁移到其他的文化环境中，其中也包括美国。对于全球高效教育系统的研究证实：这些是唯一奏效的原则和条件。

教育是复杂的自适应系统

我说过，**最好不要将教育视为一个工业系统，它是一个有机系统**。更确切地说，它是一个所谓的“复杂的自适应系统”。在进一步改革之前，我们必须理解这个概念。

一个系统是会造成综合效应的一系列相关流程。现实中就有着从简单到复杂的各种系统。杠杆是一个简单的系统，是一个着力点接近某一端的长条。如果在离着力点更远的一段施力时，离着力点更近的一端就会产生更大的力。开关是能打开或阻断电流的一个简单系统，微处理器做的事情也同理。复杂的系统是由许多协同工作的简单系统组成的，电脑、汽车、电视和核反应堆都是由成百上千，乃至成千上万个简单系统组成的复杂系统。

植物、动物和人类等生命系统不仅是复杂的，而且“非常复杂”。在一个活的有机体中，所有明显独立的系统组成部分都密切相关、互相依赖，决定着整个机体的健康状况。如果植物的根部腐烂，就不可能生长出完全健康的鲜花或果实，如果根部有问题，整株植物就会有问题。如果只有一部分器官能正常运转，那么动物不可能健康成长。健康成长意味着有机体需要的一切在某种程度上都应处于正常运转状态。

生命系统总是在适应和进化。生物与周围的物理环境之间存在一种动态关系。生物具有各种取决于周围环境的潜能，如果环境发生恶变，生物就可能会受到影响，甚至面临死亡，或随着时间的变化为了适应环境演变成别的物种。

人体就是一个非常复杂的自适应系统。人的身体是由复杂物理过程组成的网络系统，所有这些过程对人体的健康和生存至关重要。和其他生命一样，人类也因为对生活营养的需要，依赖于周围世界。当物理环境变化过快或发生恶变时，我们就会处于危险之中。我们只能适应环境变化，改变我们生活的方式。人类生命并不完全等同于身体，我们的适应能力也不仅限于新陈代谢。作为有意识的生物，我们可以选择改变我们的未来，做不同的事情。

教育系统是一个复杂的自适应系统。教育系统的复杂性表现在多个方面。

教育系统由众多利益集团组成:学生、家长、教育者、雇主、专家、商业机构、出版商、检测机构、政客等，其中有多个系统不断地相互作用，包括社会服务、咨询和心理服务、卫生保健、考试和测试机构。每个系统都有自己的利益诉求，可能会互相重叠、冲突，或对彼此产生不同程度的影响。雇主和政界人士可能同时也是父母，家长也可能同时是教师或学生。

这些系统存在着巨大的多元性。尽管在大多数国家中，教育有着类似的行业特点，但它们的处理方法和控制水平各不相同。学校的类型多种多样，包括宗教学校、私立学校、重点学校以及某些专科学校。一些国家可能鲜有私立学校，而有些国家则可能有很多。

无论属于哪种学校、地处何方，每个学校都是一个由拥有关系、经验和感受的个体组成的活跃社区。每个学校都有自己的“感觉”,有它的仪式和规矩，也有它自己的个性、传统、故事、笑话和行为准则，以及它的许多群体和派系的亚文化群。学校不是日常动荡的避难所，而是与周围的世界有着千丝万缕的联系。一个充满活力的学校可以滋养整个社区，成为希望和创造力的源泉。我曾经见证过一个伟大的学校如何以其非凡活力使得整个社区繁荣了起来。相反，一所失败的学校会耗尽所有学生及其家庭的快乐，因为它会削弱其成长和发展的机会。

学校的文化也受到普遍教育氛围的影响，如国家法律、州法律、经济环境，以及主流文化下的条件和传统。

在所有这些方面，教育实际上就是一个介于真实的个体和机构之中，每天都在以行动来自我证实的活跃系统。正是因为教育系统是如此复杂和多样化，所以它可以改变，也确实在改变。

所有生命系统都有形成新特性，以应对环境变化的倾向，这就是所谓的“应急特性”，它被定义为“微小元素之间相互作用，共同形成一个较大的元素”。在教育方面，现在已经有很多应急特性正在创造变化的环境。例如，数字技术的传播已经改变了许多学校的教学和学习方式。2014 年，地球上有大约 70 亿件网络设备，数量与世界人口总数相当。2015 年，数量实现了翻倍增长。据估计，2014 年互联网中每一分钟就有 2.04 亿封电子邮件被发送，有 4.7 万个应用程序被下载，在 Facebook 上有 600 万条状态被发表，Google 上有 200 万次搜索，3 000 张照片被上传，10 万条 Twitter 被发布，YouTube 上视频点击率达 130 万，并有长达 30 小时的新视频被上传。只是 1 分钟时间，但网络上每一秒上传的视频都需要 5 年时间才看得完。

正如戴夫·普赖斯（Dave Price）在他那本令人称奇的书《开放》（*Open*）里写的，数字技术不断强化的简易和精密正改变着学生的学习和他们学习的工具。最终，每个学科每天都会有新的学习与创新工具，每天都会涌现出新的平台和项目帮助学习者接受教育。这些技术同样形成了学生、教师和其他领域专业人士的新联结。

而马克·普林斯基（Marc Prensky）、简·麦戈尼格尔[①]（Jane McGonigal）和其他一些人的研究也表明，数字游戏的活力和美学也可以在被运用在所有课程中，从而使整个课程变得更有活力、更加生动。同时，移动技术也让教育渗透进了那些以前无法接受教育的地区，包括非洲、澳大利亚和南美洲的一些农村。在本书中，你将会看到西尔维纳·吉维尔兹（Silvina Gvirtz）如何使用上网本，让布宜诺斯艾利斯的贫困孩子体验到了快乐学习。

① 简·麦戈尼格尔是著名未来学家，未来趋势智库“未来研究所”游戏研发总监，被《商业周刊》誉为“十大最重要创新人士之一”，其著作《游戏改变世界》中文简体字版已由湛庐文化策划，北京联合出版公司出版。——编者注

这些改变更多是技术上的，但随着对标准化测试的不满逐步蔓延，学校和社区也开始抵制它。那些担心孩子受教育产业化影响的父母已经开始着手自己教育孩子了，随之产生了一个在家上学和不入校教育的小浪潮。之后你会从洛根·拉普兰特（Logan LaPlante）身上看到在家教育为他带来了什么。

随着大学毕业生发现他们的学位越来越不值钱，学生开始犹豫还要不要上大学，转而努力寻找其他选择。潜在生源逃离的同时，学院和大学也发现它们的魅力正在消退。因此，它们也开始开发新的模式。在这本书中，您将了解到马萨诸塞州克拉克大学是如何应对这一挑战的。

这些只是几个例子，相关例证还有很多。鉴于以上所有原因，我们最好从当下就开始改变。如果我们能改变周围人接受教育的命运，那么我们就能为他们改变世界，成为更广阔、更复杂的整体教育改革的一部分。这是肯·丹福德创办“北极星”的初衷，也适用于这本书里的所有教育机构，它也是“学校艺术”（Arts in Schools）项目获得成功的原因。“学校艺术”项目是我在英国主导实施的，我在这里想要解释一下这个过程，因为它有助于识别所有学校或系统变化的条件。

从单纯的戏剧到综合的学校艺术

在职业生涯的早期，我参与了两个项目，它们有着相似的目标却产生了截然不同的影响。

我的第一份正式的教育工作开始于20世纪70年代中期，是在一个研究戏剧对学校教育的影响的国家项目中担任核心团队成员。我读博期间的主题就与此相关，所以这是一个理想的工作，特别是有实际的资金支持。这个项目由学校委员会资助，该委员会是负责英国课程开发的主要机构。

在过去的20年里，学校里的戏剧课程被迅速推广开来。很多学校都有自己的戏剧部、专业教师、工作室和戏院，大多数学区还有全职的戏剧顾问，他们中的一些还有顾问团队。专科学院和大学院系也提供全职戏剧教师的培训项目，而且还有很多关于戏剧教育的真正价值和最佳实践的大讨论。我们的工作是要仔细观察戏剧教师在学校到底在做什么，并为学校未来的发展提出建议。

我们选择了6个戏剧项目非常成熟的学区，并和其中3个学校及他们的戏剧顾问展开了密切合作。在第一年，我们会定期到访目标学校，与学生们一起详细讨论戏剧教师的教学案例。我们举办了有关戏剧教育的地区性和全国性会议，还为参与项目的顾问和教师们开设了一些工作坊，让他们来分享各自的实践和观点。

第二年，我们写了《在戏剧中学习》（*Learning Through Drama*）一书，其中提出了一个概念性的框架和一系列实用建议。3年里，学校委员会资助我们通过一系列国家研讨会、课程和会议传播我们的研究发现。3年之后，资助结束了，我们转而开始着手处理其他事情，以及该项目的一些收尾工作。

戏剧项目遵循了研究、开发和研发、实证的典型过程，我们先到田野去了解到底发生了什么，接着提出自己的理论，然后向社会公开发布。我们的成果在这一领域产生了较大影响，直到我们的办公室关闭后其影响仍在蔓延。我们帮助建立了一些专业协会来支持戏剧教师，但后续却没有特定的机构来持续进行项目的工作。所以，我们只能说这是一个有局限的项目，它的影响也很有限。

“学校艺术”这个项目则有所不同。在 20 世纪 80 年代末，玛格丽特·撒切尔（Margaret Thatcher）领导的保守党政府通过了一项法律，规定在英国学校中引入国家课程。1988 年的“教育改革法案”（Education Reform Act，简称 ERA）震撼了英国教育界。在此之前，学校是可以自由选择教学内容的。在现实中，学校也会开设与国家课程相类似的课程，但理论上它们都是自由个体。“教育改革法案”终结了这一切。国家课程施行了一段时间，直到 1984 年，中东石油危机对西方经济体造成了不小的冲击。伴随着高失业率，当时的工党总理詹姆斯·卡拉汉（James Callaghan）也提出，学校不能再重走老路了。卡拉汉坚持认为，应该就一些国家教育的重点达成共识。

1988 年，许多人都担心新的国家课程过于狭窄和功利主义，特别是担心艺术会被排挤到边缘，古尔本基安基金会（Gulbenkian Foundation）先发制人，成立了一个全国委员会，来审视艺术教育的地位。我和其他人一起参与研究并撰写了这个委员会的报告《学校艺术的原则、实践和措施》。

我们撰写这个报告想要达成四个目标。一是使艺术成为英格兰未来教育大讨论的一个重要部分。因为到那时为止，关于国家课程的讨论中艺术鲜被提及。二是尽可能让各级政策制定者都了解艺术教育的现状。三是要识别艺术教育发展常面临的实际问题和一些其他问题。四是要为学校和政策制定者制订一个可行的行动计划。

《学校艺术的原则、实践和措施》的发表引起了各种反应，包括会议、试点项目和在职课程，它甚至刷新了人们对艺术重要性的认识，尤其是一些年轻人对艺术在学校之外、社会政策中的重要性的认识。因为这份报告影响巨大，我也被要求设计一个能直接帮助学校付诸实施的国家项目。

鉴于前一个无甚影响且颇有局限性的戏剧项目，我在做“学校艺术”项目时则基于一个完全不同的改革模式。我的目的不仅仅是要发布这些措施，而且想要通过改变学校的所作所为来切实落实这些措施。在接下来的 4 年里，这一项目形成了学校教育创新的全国网络，参与者包括超过 60 个学区、300 所学校、2 000 名教师和其他专业人士。学校的受益直接而广泛，最重要的是，这种受益是持续的。在 30 年后，我仍然能听到人们谈论这个项目对他们所在的学校和自身行为的影响。

戏剧项目虽然很好，但它对改革的影响是有限的。“学校艺术”的项目则带来了更持久的改变。为什么一个项目会比另一个持久得多？这与项目的设计有关，也与它们的操作方式有关。在“学校艺术”项目中，我们把学校当作一个复杂的自适应系统，这意味着要关注这个系统中各个独立的部分。参加“学校艺术”项目的每个学区都选择了一组参与学校，作为创新网络的节点。他们分别召集当地的顾问小组来支持和指导学校工作，并作为当地项目的代表，营造出最好的氛围。顾问小组成员包括了教育政策的制定者、当地文化组织的成员、资助机构和商业领袖。

“学校艺术”项目并没有解决艺术教育边缘化的问题，艺术教育在标准化运动中依然处于水深火热之中，英国的情况与美国一样严峻。因为深知教育系统的复杂性，并同时适用于多个级别的系统，这个项目确实对参与其中的许多学校和学区产生了持久的影响。我坚信教育系统的任何系统性转型都必须采取类似的方法。

改革首先要从自身开始改变。在“学校艺术”项目中，最令我受到鼓舞的发现在于：学校系统和个人都采纳了我们的建议，并根据他们的具体情况制定了恰当的课程。随着时间的推移，英国数百所学校都以它们自己的方式采纳了我们的建议并付诸行动。

接下来，我们将看到更多的学校在遵循这样的原则进行教育改革，为学生服务。这些改革都基于一种完全个性化的学习方式，根据学生和社区进行定制。它们超越了很多学校遵循却并非必须的形式主义：**按年龄分组教学、固定的教学时间、严格的学科区分和线性评估模式。改革之所以要突破这些界限，是因为改革者们明白，学校的真正工作是促进学习。**

教育的核心：帮助学生学习

在《让思维自由》[①]一书中，我引用了剧场导演彼得·布鲁克（Peter Brook）的故事。在毕生的工作中，他的创造激情使戏剧经历了最具革命性的发展。布鲁克承认，很多剧院缺乏这样的影响力，往往是一个晚上之后，随着观众们走出剧院，一切就结束了。布鲁克提出，想要提高自己的实力，理解戏剧的本质是什么非常重要。我们应该这样思考：把哪些东西去掉后，一出戏剧还可以称为戏剧。

布鲁克说，你可以带走幕布、灯光和服装，因为这些都不是必不可少的。你还可以带走剧本，很多戏剧根本不需要剧本。你甚至可以不要导演、舞台、工作人员和布景。很多剧院都没有这些，并且这种情况经常发生。

你唯一不能删除的是，一个演员处于一个空间之中，还有观看戏剧本身的观众。可能只有一个演员，或只有一个观众，但这些都是必要的、不可或缺

① 本书中文简体字版已由湛庐文化策划，浙江人民出版社出版。——编者注

的戏剧元素。演员的表演就是观众的体验。“戏剧”是观众和戏剧之间互动关系的总和。戏剧要产生最具变革性的影响，就要关注这种关系，让它尽可能变得强大。布鲁克说，不是更多，而是更深刻。他以一系列开创性、享誉国际的作品阐释了自己的这一理论。

对我来说，教育也是如此。我在前言中区分了学习和教育。**教育的核心是学生和教师之间的关系，其根本目的是帮助学生学习，通过教师的角色实现这个目的。**但现代教育系统充满了各种干扰，政治议程、国家重点、工会立场、建筑规范、岗位描述、父母期望、同侪压力等。教育的核心是学生和教师之间的关系，其他一切都取决于这种关系的质量有多高，这种关系有多成功。如果学生和教师之间的关系不好，整个系统就不会好。如果学生不学习，就谈不上教育。可能是别的什么东西，但这绝对不是教育。

大量学习和教学持续被排除在学校和国家的正式课程设置之外，却发生在各地拥有学习意愿的学生和愿意教学的教师身上。所以，教育改革的挑战在于，在学校内部创造和维持这种体验，而不是用那些会产生误导的其他利益来扼杀它。**教育改革的根本任务，是创造能让学生和教师之间的关系蓬勃发展的环境和条件，只有这样才能形成一个负责任的自然生态系统，这是我认为教育改革应该做的第一步。**

在公立教育系统中，必须就学生应该学什么、为什么学、教师和学校如何对此负责达成共识。我们后续仍会讨论这些问题，但首先我们要看到学习问题的核心。学校想要改进，必须理解学习本身的性质，了解学生如何学习最好，以及付诸实践的各种方法。如果学校和教育政策的方向都弄错了，其他就都是废话了。

孩子生来就是要通过自己独自玩耍来探索世界的，他们不需要依靠大人。他们需要的是自由发展，剥夺他们的自由就是对他们施加折磨。自由游戏的内驱力是一种本源的、生理的驱力。

CREATIVE SCHOOLS

04

天生的学习者

The Grassroots Revolution That's Transforming Education

CREATIVE SCHOOLS 贫民窟里走出的学习天才

新生的婴儿们会如饥似渴地吸收关于外部世界的知识。以语言为例，一般情况下，大多数孩子在 2 ~ 3 岁的时候就能学会相当流利地说话。如果你是父母，你就知道其实你并没有教孩子具体应该怎么做。你做不到，你没有那么多时间，他们也没有那么多耐性。幼儿理解语言完全是靠语言环境的浸染。在这个过程中你可能会纠正、鼓励并祝贺他们，但你不会专门让他们坐下，然后对他们说："注意！现在我们该说话了，更确切地说，是你该说话了。"现实生活中你不会这样做的。而语言仅仅是我们要学习的多种能力中的一种。

在第 2 章中，我描述了杰弗帮英国格兰治学校进行的改革。尽管改革获得了巨大成功，但杰弗并没有在全世界所有地区推广将学校变成城镇，而是建议他们采用一种"返璞归真"的手段。正是这种手段推动了格兰治镇的诞生。"作为起点，我们应该集合所有教育者的力量，不管是大学阶段、中小学阶段，还是职业发展阶段的教育者，在他们所处的地区尽最大努力寻找最好的早期教育设备，并花一些时间去了解这些设备的作用方式，"杰弗如是说，"然后问自己，我们怎么才能取其精华，并将其转化成对学生有用的教育手段。自然学习的伟大之处，就在于它的可论证性和可操作性。"

那么，有多少孩子是天生的学习者呢？1999年，苏伽特·米特拉（Sugata Mitra）在新德里的一个贫民窟用一个实验检验了这个问题。他把一部电脑嵌在一面墙内，并打开连接到网络，然后观察孩子们会对这台电脑做出怎样的反应。这些孩子不仅之前从来没有见过电脑，也不认识网页上的英文。但很快，孩子们就学到了他们可以用电脑来做哪些事，并且开始互相教给对方其他的功能。几小时内，他们就能够玩游戏、录音乐，以及像一个专业人士一样上网了。如果那个时候有Twitter，他们很可能在一个月之后就会有50多万粉丝了。

米特拉决定尝试一个更加有野心的实验。他将电脑连接到一个语音识别程序，并把这台电脑送给了一群印度孩子。这群孩子会说英语，但是带有比较重的泰卢固口音，电脑无法识别，语音识别程序只会打出一些乱码，而孩子们也不知道怎样才能让电脑识别他们说的话。米特拉承认，他也不知道怎么做，所以他把这台机器留给了孩子们。而当两个月后他回到那里时，这些孩子们已经将他们的口音转变成电脑程序可以识别的纯正英式口音了。

不久之后，米特拉试图去探索讲泰米尔语的12岁孩子是否能自学英文的生物技术课程。他留给了孩子们两个月的时间，但实际上对结果并没有抱太大期望。“我让他们做一个测验，而他们得了零分，”米特拉说，“然后我给他们发放了材料，接着我回来又给他们做了一次测验，他们拿到又一个零分。于是我回去说：‘是的，对于有些东西我们还是需要一个教师。’”

“教师问：‘你们看这些材料了吗？’”

“他们答道：‘看了。’”

“那你们学会了什么东西吗？”

“不，什么也没学会。”

于是他问道：“嗯，你们在确定自己什么也没学会之前花了多少时间去练习呢？”

他们回答道：“我们每天都看。”

他又问：“整整两个月，你们都在看你们不理解的材料吗？”

一个 12 岁的女孩举起了她的手，一字一句地说道：“除了 DNA 分子的错误复制会导致基因疾病以外，其他的我们都没有理解。”

后来米特拉又进行了进一步探索：如果给孩子们提供有效的工具，他们可以自学到多少知识呢？米特拉最近启动了一个叫“祖母云”的项目：主要是由一组退休教师通过 Skype 软件帮助孩子学习和探索。2013 年年底，米特拉在云端建立了第一个学校，“在这个学校里，孩子可以接收到在线的信息和指导，并在此基础上进行智力冒险”。

米特拉的实验揭开了孩子们必须要学习的无数种能力的冰山一角。而如果孩子都是这种天生学习者，为什么还有那么多人在学校苦苦挣扎，还有那么多人对整个上学时期都感到厌烦呢？在很多方面，这都是因为系统本身的功能，还有它特有的惯例。

与天赋背道而驰的教育模式

在一个传统的高中教室里，学生们会坐在桌子后面，面朝前方，而教师们主要负责指导、解释以及布置作业。学习的内容主要是语文类与数学类科目，也就是说学生们主要是在写作、计算，或者与教师讨论。整个课程就意味着一大批需要学习的材料。这些材料被分成各种各样的科目，通常由不同的教师执教。学校里会有很频繁的考试，也会有很多时间被用在这些考试的准备上。不可避免地，有些学生会比其他人更快地领会其中的一些材料，但是整个班级会以相同的速度、相同的时长来学习这些知识。学生们是能跟上还是会落后于班级的整体进度，将作为考察他们一般能力的一个指标。

教学日通常会分成40分钟左右的固定时段，以一周为循环，这些时段被配以不同的活动。每个时间段的最后会有一个信号，通常是铃声或者蜂鸣声，提醒大家结束正在做的事情，然后学生们会去另一个教室，在另一个教师的带领下接着进行另一种活动。

为什么学校通常是以这种方式运行的呢？主要的原因是大众教育是建立在两个支柱上的，这两个支柱在现代教育系统中依然很明显，你可以把这两者理解成学校的组织文化和精英文化。正如我在第2章中提到的，大众教育的组织文化可以追溯到工业主义的生产流程；而精英文化的根源则可以追溯到更早的古代柏拉图学院，这也是“学术”（academic）一词的起源。

我之前说过，教育被学术能力的概念主宰了。对很多人来说，“学术”就是“智力”的同义词，“学术成功”就等同于“教育成就”。正确的理解是，“学术”一词的意义没那么丰富，它指的是更偏重于理论、学术，而非实践、应用的智力活动，也就是因为这个原因，academic这个词有时也被用来形容那些不切实际的人，或者纯理论的想法。

学术活动包括三个主要因素。第一个是关注哲学家所说的“命题性知识”（propositional knowledge），即有关事实的知识，比如《独立宣言》签署于1776年；第二个因素，学术活动关注的是理论分析，包括概念、步骤、假设，例如民主和自由的本质、运动定律、十四行诗的结构等；第三个因素是在上述内容的基础上，强调伏案学习，主要涉及阅读、写作和数学运算，而不涉及心灵手巧、运动技巧、手眼协调和运用工具的技术、实践和运用活动。

命题性知识有时被称为“知其然”，区别于“知其所以然”的“程序性知识（procedural knowledge）”。程序性知识是我们运用某种东西创造事物或完成实际任务。我们可以学习艺术史而并不知道怎么画画，或是学习音乐理论而不会演奏任何乐器。艺术和音乐既涉及“知其然”，也需要“知其所以然”。程序性知识在所有的实践领域都至关重要，从工程、医学到舞蹈都是如此。总有一些人擅长学术活动，对具体领域的研究有热情；而另一些人的真正兴趣在想法和技术的实际运用上，对于具体领域的实践有热情。

当然，学术活动本身是很重要的，理论可以也应该指导生活实践的各个领域，但传统的学术课程都在强调学术，而非实践。**学术研究无疑非常重要，应该成为学校教育的一部分，但仅有学术研究是不够的，它们是学生需要的教育类别的必要部分，而非全部。**

人类智力绝不仅包括学术能力，它体现在人类的各种成就之中，如艺术、体育、技术、商业、工程，和其他所有让人们愿意奉献一生去追求的事业。我们所有人的人生和未来都取决于人类对广泛实践能力和技能的掌握，虽然不能指望学校对所有学生都教授这些技能，至少可以给予它们同样的地位，赋予它们在大众教育中应有的地位，并为它们的发展打下基础。

一件让人觉得既有趣又好奇的事情是：尽管人类的智慧如此丰富，我们的学校系统却只关注其中特定的一个方面。原因在于，正如我在《让思维自由》一书中提到的，欧洲启蒙运动对大学、对科学方法的进化，以及科学方法在工业领域的应用都产生了巨大影响，对此我不想再一一进行阐述，但重要的地方在于，我们现行的学校系统是以组织文化的固定程序与精英文化的固有习惯为基础的，它并没有充分反映学生的各类天赋。

由于与现在的系统产生了冲突，所以很多学生认为问题出在自己身上，他们认为自己不是很聪明，甚至认为自己在学习上有困难。**虽然有些人确实有学习障碍，需要特殊支持，但对于其他大多数人而言，问题并不是他们不会学习，而是他们被要求学习的方式不对。**

学校“培养”出来的问题学生

我之前说过，教育不仅仅是一个全球性问题，也是一个非常个人化的问题。每个人都需要面对。我出生于英国利物浦的一个工薪阶层家庭，有 5 个兄弟和一个妹妹，我在《让天赋自由》一书中曾经讲过一些他们的故事。我们与父母住在斯佩洛巷的一栋联排平房里，房子终日被旁边体育场的阴影笼罩着，这个体育场属于英国最顶尖的球队之一埃弗顿队。我的受教育生涯非常幸运，由于在孩提时代患了脊髓灰质炎，所以我被送去了特殊学校。

我在特殊学校得到了很多良师的指导，最终通过了 11+ 升学考试，这个考试将决定学生是去更高级、更偏向于学术的“文法学校”，还是去低一等级的“现代中学”。去文法学校是通往大学的必经之路，意味着可以摆脱成为蓝领工人或服务员的命运，有机会去从事商业或其他专业工作。如果不是因为进了文法学校，我不可能拥有现在的生活，也不会从事我现在的工作。我的两个兄弟也通过这个考试进入了文法学校，虽然其他兄弟和我的妹妹莱娜也一样可以做到，但是他们并没有去成。

莱娜非常热爱20世纪50年代她在格拉迪斯街小学度过的时光，她享受那种放松的氛围，也享受在那里进行阅读、写作、做工艺品、运动和纯粹玩耍的机会。而11+考试就像兜头泼下来的一盆冷水。孩子们都知道这件事至关重要，但他们并不理解为什么。考试的那天，他们会乘公共汽车去往另一个陌生的学校，和一群来自其他学校的陌生孩子挤在一个礼堂里。

他们各自坐在独立的书桌旁，并被告知不许互相说话。有人很严肃地发给他们一个印有题目的小册子，要他们在一段规定时间内完成。考试结束后，小册子被安静地收集起来，孩子们各自返回自己的学校。几周后，一封来自利物浦教育委员会的马尼拉纸信封会被扔进家里的信箱。我的父母也曾打开过它，然后他们告诉莱娜，她没有通过考试。莱娜一点都不吃惊，她之前并没有为此做过准备，也不知道该有什么期望。后来我们收到了另一封信，告诉我们莱娜将会去斯坦利帕克女子现代中学。

莱娜在那个学校待了4年，从11岁到15岁离开学校。可以说，她讨厌这个学校的一切。那些女孩子无可选择地上着一些设定好的课程。莱娜的大部分时间都在跟40多个同龄的女孩子一起面向黑板，做一些她们被告知必须要做的事情。她们要上历史、地理、数学、英语，还有自然课。莱娜安静地接受了事情的发展，做着一些被要求做的事情。她天生害羞，因为害怕吸引注意，她在课堂上从不举手。

莱娜最喜欢的课程是那些可以到处走动，动手做东西的课程，比如在家政课上她可以做一些吃的；在化学课上她可以做实验；在女红课上她可以缝剪一些布料；还有体育课，因为她可以自由地呼吸奔跑。但是这些闪光点在数小时的端坐、写作还有静默中，显得非常稀有而疏离。

在学校的最后一年，这帮女生被聚集到一些来参观的就业指导员面前，他们解释道，根据她们跟职业的匹配性，可以考虑类似秘书、私人助理、护士、美发师，或者工人这样的职业。于是她们做出了选择。莱娜和其他四五个姑娘觉得美发师听起来是所有选择中最有意思的，这需要她们在一家沙龙当 3 年学徒，还要抽一天在学院里学习艺术、化学、剪发和造型，但最重要的是，她们做的事情对别人很重要。莱娜很满意她的选择，我的父母也是，但他们的关注点不在这份工作的前景上。我的父亲那个时候刚刚出了事故，摔到了脖子，四肢瘫痪。所以莱娜的选择得到了家人的祝福，却没有得到他们的关注。

在那所中学的最后一天，女校长参观了每一个班级，给这些女孩子提供了一些建议。她向他们讲述了各种各样的选择，并让那些做出了相应选择的同学们站起来。她祝贺了这些准护士、准秘书和准工人。然后她问是否有人想要当美发师，包括莱娜在内的 5 个女生站了起来。"嗯，"女校长说道，"我本就该知道，懒惰的人就会选择懒惰的工作。"这几个女生站起来的时候满怀骄傲，坐下的时候却感到迷惘和尴尬。莱娜学习一直很努力，从没有人曾说过她是个懒惰的人。她 11 岁的时候怀着挫败的心情进了斯坦利帕克学校，而 15 岁将要离开的时候，她再次感到了挫败，而这次是这个女校长第一次跟她说话。

也许是命中注定，莱娜成了一名事业成功的发型师。但她后来才意识到，如果当时学校能够深入了解她，她可能会在学校的帮助下走上另一条道路。莱娜意识到，她拥有跟人打交道的天赋，她本该可以去从事那些能够更好地发挥她天赋的职业。

但是莱娜在 20 世纪 60 年代离开了现代中学，在那个年代，人们对这些孩子，尤其是女孩子，没有抱任何期望。就像莱娜说的那样："如果你在学校中只是消磨时间的一分子，而人们在用一样的标准对学生进行判断，他们怎么会知道你是谁，知道你到底能做些什么呢？”事情确实是这样。

很多年轻人的积极性和学习问题都是因教育系统本身导致的。对系统做出改变，很多问题就会随之消失。我再举个例子，让我们来看看当学习的固有框架被打破时会发生什么。

教育的“私人订制”

在结束英国学校表演艺术及技术高级艺术总监的任期之后，阿德里安·帕克（Adrian Packer）得到一个机会去埃弗顿自由学校担任第一任校长。这个另类的教育机构是由埃弗顿球队为孩子们创办的。非常巧合的是，至少对我来说，这个学校就建在我从小长大的街道上，而且几乎正好就在我们住的房子对面。可能因为这个原因，我很认同埃弗顿自由学校“机会定制化”的理念，这里为每个孩子都提供了机会，不管他们的出身如何。

自由学校在英国是新兴物种，就好像美国的特许学校一样，由政府提供资金，可以摆脱国民教育课程的制约，并在教学日的标准、人员雇用政策以及预算上拥有更多自由。埃弗顿自由学校的建立，是为了给那些无法从传统教育中获益的孩子提供定制化的教育机会。

卡勒姆·梅因斯（Callum Mains）就是这群孩子中的一个。梅因斯小的时候很喜欢上学，可当进入青春期后他却发现，他所在的学校实在是太大，也太没有人情味了。所以他开始逃学，只有一半的时间出现在学校。自从 13 岁时父亲去世后，梅因斯家里的生计开始变得艰难，学校也没能给他带来短暂的解脱，反而让他参加他不感兴趣，也激发不起兴趣的项目。对于梅因斯来说，埃弗顿自由学校是他人生的救命稻草，给了他一个机会与一个关注个人和理想的教育机构产生交集。

“在这里，你会感觉好像是在跟教师并肩工作，而不是站在他们的对立面，”梅因斯告诉我，“在这里，你会感觉他们在关注你，并且会考虑你的想法。我想，如果不是因为自由学校，我可能已经成了那些吸大麻的孩子中的一员，这所学校真的把我从堕落的道路上拉了回来，它让我知道我可以做我想做的任何事情。”埃弗顿自由学校以及我们研究的所有其他学校都证明了两点：首先，所有的学生都拥有天生的强大能力；其次，发展这些能力的关键在于，跳出形式主义和服从主义的狭隘限制，从而寻求一个能够针对每个学生个性化的真实能力的系统。

几年前我又买了一辆新汽车，买这辆车花费了很多时间，因为在决定好基本的型号后，我还需要做无数个选择，好让我的车能符合我的个人品位和需求：颜色、表面抛光、座椅面料、音响系统、内饰、门的数量、引擎大小……这种感觉就好像是在填税务申报表。我问销售人员这辆车一共到底有几个版本，结果他也不知道，但他猜想我的车会是独一无二的，就像他曾经卖给其他人的那样。而我在 23 岁买我的人生第一辆车的时候，情况完全不一样。那个时候，我只需要回答一个问题：“这辆车我想要还是不想要？”

现在，我们理所当然地认为，我们可以定制任何东西，从智能手机里的应用软件到我们穿的衣服，再到我们的 Facebook 主页。对于健康护理也是一样，随着技术发展和对生物学了解的日渐深入，我们吃的药将会前所未有地适应我们的个人体质。

私人订制似乎随处可见，却没有扎根于教育事业，这是很讽刺的，因为教育行业是最迫切需要私人订制的地方。那么私人订制的教育意味着什么呢？这意味着：

- 认识到智力是多元化和多面向的。
- 授权给学生，让他们发展个人的兴趣和长处。
- 改变学校的日程表，使之适应不同学生的学习节奏。
- 以一种支持学生个人进步和达成成就的方式进行评估。

智力的多元化

我说过，孩子都是天生的学习者，他们确实是。在生命的第一年，孩子们会学习到大量关于周围世界和他们身边人的知识，并且开始发展出一些非凡的能力。当然，其他物种也能够快速学习。对于很多其他物种的智慧，以及它们的行为、能力和关系的微妙之处，我们的理解正在逐渐深入。

尽管对于动物到底是不是在按照我们定义的方式去学习还存在很大的争议，但是有很多引人注目的例子可以证明这一点。比如，在《对月亮唱歌的猪》一书中，作者杰弗里·穆萨耶夫·马森（Jeffrey Moussaieff Masson）就讲了一只小猪的故事。这只小猪每天早上都会去游泳，享受着孩子们给它揉肚子，陪伴它，然后在满月的时候对着天空唱歌。

再比如007，一只可以自己解决问题的乌鸦，它在亚历克斯·泰勒（Alex Taylor）教授的实验里，自己克服8个障碍后找到了藏在容器深处的食物，而每个障碍都要用一种特定的方式才能解决。最有名的例子要数大猩猩科科，大猩猩基金会的人教给它美国手语，最终，科科学会了超过1 000种手势，并自己创造了混合手势，来给人们传递新信息，它还明显地表现出了对英语口语的理解。

有一段时期内，一些动物会在某些方面表现得比人类婴儿还好。科科表达自己观点的能力显然就比大多数婴儿要强。但是很快，人类就会表现出能把我们与其他物种区分开的能力：象征性思维的能力，语言就是最明显的例子。人类跟地球上的其他生命最基本的一个不同之处在于：我们不像其他生物看起来那样“直接”地生活在世界上。相反，我们是通过自己的“理念”和“价值”的框架来看待这个世界的，我们对世界有着自己的想法和理论，而这也影响着我们的行为。想象力和创造力是人类和地球上其他生命为数不多的区别之一，但正是这种区别，让我们与其他生命有了天壤之别。

在孩子成长的过程中，他们会像曾经的我们那样渐渐意识到，他们不是生活在一个世界里，而是两个。就像我之前提到的，其中一个世界是不管你存不存在，都会存在的，它是包含着其他人、事、物的世界；而另一个世界是因为你的存在而存在的，你个人的精神世界。人类活着的一个挑战，就是理解这两个世界，以及这两个世界之间的关系。

当我们与其他人相邻而居的时候，我们会互相影响对方的想法和感受。我们会发展出相似的共存方式，与他人共享相同的价值观和行为方式。在孩子成长的过程中，他们会学习看待世界、思考世界的方式，这些都根植在他们的语言里，以及他们所在的社会价值观和生活方式里。整体来看，我们创造了复杂的语言和有组织的思维系统、抽象理论和实践技术、复杂的艺术形式，以及错综复杂的艺术实践。在很多方面，我们确实创造了自己生存其中的世界，而多种文化寄居的世界也会对我们产生强烈的影响。

在《让思维自由》一书中，我讨论了人类所拥有的不同知觉，并且将人类的知觉与其他生物进行了比较，有的动物还可以看到、听到，或者尝出周围环境中人类感知不到的东西。但我们被赋予了巨大的思考能力，得以以一种不同于其他生命的方式存活于世。我们思考并交流着自己感受到的这个世界。我们通过倾听、想象、动作、文字、数字，以及任何可能的方式在思考，我们会用比喻和类推的方式思考；我们会推理和移情；我们会推测和假设；我们还会想象和创造。

人类生命的特征之一，就是人类天赋、兴趣和性格的多样性。心理学家和其他人类科学领域的专家自然热衷于对它们进行定义和分类。在过去的 100 年里，关于智力最有影响力的理论或许就是“智商”了，按照这个理论，每个人的智力水平都有一个天生的数值，它可以被迅速地测试并给出评分来。我在其他地方写过这种理论的问题，这里就不赘述了。**我只想说，对于人类如此丰富而多元的智力而言，像“智商”这样的理论完全是狭隘和误导性的概念。**

为了给这种多元性建立框架，人们做了各种各样的尝试。当代最有影响力的理论，是由一位杰出的心理学家霍华德·加德纳[①]（Howard Gardner）提出的多元智能理论。加德纳指出，对传统心理学视角的智能概念的一种批判在于，传统心理学观点认为，智能是单一结构的，可以被智能测验或者其他简单的测试测量出来。“多个来源的证据显示，”加德纳提出，“人类拥有多种相对独立的智能。”他确认了智能的 8 个因素，并认为对于每个人来说，这 8 种因素的组合都是独特的。

① 霍华德·加德纳是当今世界最具影响力的心理学家，多元智能理论创始人。其多部重磅理论著作《智能的结构》《多元智能新视野》《领导智慧》中文简体字版已由湛庐文化策划，由浙江人民出版社、中国人民大学出版社出版。——编者注

多元智能理论引发了极大的争议，并且还有人也提出了其他类似的概念。这些各种各样的理论都招致了批评，虽然所有理论都难逃此命运。一些批评质疑了理论的结构，他们提出，智能是否有 3 种形式？还是它可以是 4 种、8 种或是 10 种？另有一些人认为，这些理论只是理论，还缺乏足够的科学证据，我们只能把它们当作一种猜想或假设。这两种批评都是合理的，也是对的。就像卡尔·波普尔（Karl Popper）所说，科学的发展不是线性的，而是基于“猜想和反驳”。任何理论，无论多么吸引人，都必须等待能够支持、怀疑和否定它的证据出现，甚至是出现更好的理论来替代它。

在这个案例中，我觉得非常重要的是，一些批判已经得出结论：因为这些具体的多元智能理论不能被科学地证明，所以它们想要解释的东西根本不存在。而我认为它们是存在的。有一次，我在一个北欧的高层政府官员的办公室里开会，他对智能的多元性提出了质疑，并问我有什么证据可以证明它。我们当时坐在一张雕刻得异常精美的红木桌子旁，我们所在的办公室在一座 17 世纪的古堡内，四壁镶嵌着橡木，墙上挂着令人印象深刻的现代主义画作，一台大屏电视调在 24 小时放送的新闻频道，他的玻璃桌子上放着两台苹果电脑，地板上铺着手工编织的花色复杂的传统地毯，背后的书架上放着小说、诗集，还有皮革封面的书，莫扎特的音乐也正缓缓地被播放着。“环顾四周我们就可以知道，”我说，“智能的多元性无处不在。”

各种文化和科学、艺术、哲学、宗教、技术、工程、体育竞技等领域的人类成就，以及人类活动交互影响和互相促进的各种方式定义了人类生命。

如果我们真的想要达到教育的四种目标就需要提供多种方式，让我们的智力可以在周围的世界中发挥作用，并洞悉自己的内心世界。能让所有学生在学校用正确的方式开发自己的能力和感情，包括但绝不限于传统的学术活动，这一点非常重要。这对于每个学生的课程结构和平衡来说，有着非常根本的意义。

为学生提供发展自己兴趣和优势的机会

我们每个人都有自己的个性、天赋、兴趣、希望、动机、渴望和性情。个性化意味着教师在教授不同的学生时，应该考虑到上述所有因素。同时，也意味着应赋予课表足够的灵活性，除了学生普遍要学习的内容以外，他们还有机会追求自己的兴趣和优势。

在关于“天赋”的书中我说到，身处天赋中就是天资和热情的结合。我们每个人都有不同的优点和缺点，也有不同的天赋，里面有一些我们自然能感觉到的东西，我们还可以恰当地用语言表述自己，并且一直如此。正如我之前努力的那样，我在家学数学的时候从来没什么感觉；而我有些学校里的朋友非常喜欢数学，纯粹地喜欢。我在考试方面一帆风顺，但对于掌握一些他人觉得易如反掌的概念却非常吃力。当然，无论多么缺乏天资，都可以通过训练来提升；无论多么惊人的天资，也可以通过训练进一步磨炼。但是，对于两个拥有不同天资的人类说，同样的训练可能会达到截然不同的成就。这种差别很容易观察到，即便是在你家中也可以轻易察觉。

你可以带一台新的电子产品回家，让你的家庭成员搞清楚如何使用它。你的爱人可能会直接去看使用手册，你的其中一个孩子可能会去 Youtube 上搜索相关视频，另一个孩子则可能会直接打开它，看看会发生什么事。他们每个人都在以不同的方式来学习这个新事物的使用方法，这是因为每个人都是独特的个体。这样的现实说明，以同样的方式教不同的人起码是没有效率的。

找到天赋不仅是找到自己的天资，就像一些人非常擅长自己并不喜欢的事情一样。为了找到天赋，还必须有热情，天赋关乎激情。我们对外部世界的看法在一定程度上被我们的身体特征和文化所塑造。但更重要的是，我们每个人都有自己的人格、天赋、兴趣、期待、动机、焦虑和特质。给学生探索自身兴趣和能力的空间意义深远，正如劳丽·巴伦一开始并没有办法带领她的中学生取得进步，直到她意识到，孩子们觉得对他们最重要的东西，才是教学中的重点。足球、美术或音乐能让他们愉快地度过在学校的一天，对有些人来说，可能是科学、文学或历史，并且让课程变得不那么折磨、难熬。

学习在一定程度上依赖于对信息和理论的记忆。这个假设似乎表明，你的记性要么很好，要么很差。如果你是后者，你可能没有那么聪明，只能更加努力地学习。但那些记不住历史日期或者乘法表的学生，常常可以毫不费力地记住上百首歌词，或者想起数十年前的一次体育比赛上的某一个特定场景，他们在学校里表现出的记性较差可能是因为缺乏投入，而非能力不足。

使学校的日程表适应不同学生的学习节奏

如果说不同的人在以不同的方式学习，他们也同样会用不同的节奏去学习，而整班教学的教师很难发现并适应这些差异，结果就是有些学生达不到他们本来可以达到的水平。而这种“低成就”又会导致对这些学生的低预期，从而对他们的整个学习生涯造成伤害。**提高学校中每个人的成绩，需要让学生个体更加投入，而不是扔给他们一个又一个的标准测验，强迫他们在固定时间内以同样的方式完成。**

当前的教育系统中有一个固定不变的传统，就是把学生按照年龄分组，偶尔有家长会觉得自己的孩子还没有准备好去上幼儿园，可能会延迟一年。但孩子一旦进入教育系统，他们就会开始跟其他同龄人一起逐年升入更高的年级。一个 8 岁的孩子会跟其他 8 岁的孩子同在一个教室，一个 14 岁的孩子可能会跟一个 17 岁的孩子一起选修课程，但肯定会跟其他 14 岁的孩子一起学习语文。

如果观察一年级的孩子，你很可能会发现，有一些孩子已经能够很流利地阅读，有一些孩子则只能一字一顿地读书，有几个甚至不太能理解每个单词的意思，还有一两个可能已经被送到了约翰格林。基本上所有的学生最后都能很流利地阅读，但他们会暂时处于不同的轨道上。有的孩子会觉得数学很好学，可能三年级的时候就可以接受代数的基本知识，但是其他人却觉得数学对于他们来说，就像得不到的宴会入场券，要到九年级的时候才能接受关于“分数”的补习课程。

同样不协调的还有学校传统的传送带式的课程表。想象一下这种方式如果被应用在商业生产领域：每隔 40 分钟，所有员工就不得不停下手头的工作，去另外一个房间开始做另一件完全不同的事情。每天重复 6 次上述活动，恐怕整个商业界都会迅速瘫痪，几个月内就会破产。不同的活动需要的时间长短不同。团体项目可能需要连续进行几个小时的不间断工作，而一个个体作业可能在更短的时间内就能很好地完成。如果进度能够灵活掌握，根据个人需求定制，就可以实现学生目前需要的动态课表。传送带式课表最令人恼火的一点在于，任务还没完成就必须停下来，而这也是乔·哈里森（Joe Harrison）在做的事情。

在哈里森前往英国曼彻斯特的一个学校为一个音乐教育项目工作之前，

他没有接受过任何教学训练。哈里森发现，普通教学日的节奏很疯狂，使学生们很难真正投入到一个项目或科目中。“这份工作很有趣，”他向我谈起他在曼彻斯特的这份工作，“它令人兴奋和投入，不管是年轻人还是教师，他们都很享受这个课题，我们还产生了一些有意思的想法。但是不管我们在这个音乐项目中产生了什么想法，它只限定在每周一早上的1个小时内。1个小时之后整个项目就跟教学没什么关系了，教学过程中的所有可能性、所有想法的光芒也都消失了，因为你不得不让他们去上下一节课。没有什么能让人全神贯注。就是从那个时候开始，我对教育系统中的缺陷有了了解。”

于是，哈里森开始为“创意伙伴计划”（Creative Partnerships）项目工作，由英国政府发起，旨在在学校里培养孩子们的创造力，我主持的《我们所有人的未来》（*All Our Futures*）项目成果报告中也提到了它。哈里森意识到，他的首要任务就是，解决他在曼彻斯特的那个学校中发现的问题。“我开始尝试为这些年轻人提供空间和时间，让他们去发现自己的创意过程。我参与的所有课题都是关于如何在学校忙碌的时间表中挤出时间来。”

在为“创意伙伴计划”工作的时候，哈里森偶然读到了卡尔·荷诺尔（Carl Honoré）的《我们走得太快了》（*In Praise of Slow*）一书，这本书推荐了放慢脚步以一种恰当的速度生活的生活方式，引发了世界各地的“慢节奏运动”，而它也正切中了哈里森看到的教育系统的需要。在研究“慢节奏运动”的时候哈里森发现，关于他认为最重要的教育领域的讨论却一片空白。受此鼓舞，他发起了“慢节奏教育”活动，并建立了一个网站，提供一个全球对话和本地服务的平台。他开始以一种新的方式为学校工作，其中一个学校就是兰开夏郡达温镇的霍利三一小学。

达温镇是一个教育资源匮乏的地区。那里的很多孩子都有行为问题和情绪问题，高于全国平均水平的只有学校的免费午餐，教育成果一点都不理想。直到“慢节奏教育”的理念开始付诸实践，他们的状况才得以好转。他们花了很多时间去正视与学生的关系，并且了解孩子们和他们所生活的社区。与徒劳无功地提高学习成绩相反，他们的改变是从早餐沙龙开始的。他们开展了一个轮流制项目，很多小镇都参与其中。这样一个更加个性化的项目意味着教和学都变得更加接地气，每个孩子每个学期至少有一次与教师面对面交流的机会。

在霍利三一小学，哈里森见证了如果学校和社区能投入时间，了解每一个学生是谁，了解他们真实的自我，去创建符合学生兴趣、学习风格和能力的项目，教育方面会取得多么了不起的成就。他们减少了对学习成绩的关注，而将重点转移到了学生、老师和社区之间的人际互动上去。不出所料，学生们对上学的兴趣大大提升了，他们开始把霍利三一小学当成自己的第二个家，问题行为也开始减少。同时，学生们的学业成绩也确实在提升，教育标准办公室给学校打出了更高的分数。

哈里森很快就表明，“慢节奏教育”活动没有一个唯一的理想模式，这才是成功的关键。“慢节奏教育”是在把教育过程私人订制化，为学习者提供了空间和时间去发现自己的兴趣和长处。“‘慢节奏教育’是为了追求意义而进行的深度学习，”哈里森这么跟我说，“关键是我们要认识到，教师和学生之间的交流质量比单纯地通过能力测试来评判学生重要得多。”

以支持学生个人进步和达成成就的方式去评估

我们下一步将要讨论的是高风险测试带来的压力。通过标准化考试得到的数据往往不可靠，这使得我们对大部分教育系统中现行的评估方法产生了质疑。现在，我想引用美国国家公平与公开测试中心（the National Center for Fair and Open Testing，简称“公平测试中心”）的执行主任蒙蒂·尼尔（Monty Neill）的一个观点：“评估应该包括多种形式的测验，从选择题、论文到课题项目，从教师评估到学生自评。”尼尔在为《根与叶》（*Root and Branch*）杂志撰写的一篇文章中写道：“好的老师知道如何用多种方式去评估，也会用多种工具去检验学生学到的知识。但不幸的是，提高学生在标准化考试中的分数的压力，使得老师们采用了单调的评估教学效果的方式。”在《不让一个孩子掉队法案》的公平测试报告中，一位教师指出，为了给备考挤出时间，她不得不减少了很多读书报告的作业，而在这个国家，这种情况已经是屡见不鲜了。

游戏是天然的学习方式

教育系统正在不断地标准化，教育机构的数量也在不断增加。但是这种标准化却不适合各个年龄阶段的人，特别是小孩子，他们天然学习的方式就是游戏。**很多形式的游戏在很多人生阶段都有着非常重要的意义，尤其是在发展孩子的生理、社会、情绪和智力能力方面。所有文化都发现了游戏的重要性。**因此，在人类科学中有大量广泛的游戏研究，而且世界各地一些受到启发的学校已经开始践行了。但在很多国家中，标准化运动让学校并未对游戏引起重视，或者只是将游戏当作紧张的学习和考试间隙可有可无的休闲活动。游戏的边缘化，是标准化教育最可悲的地方之一。

彼得·格雷（Peter Gray）是波士顿大学心理学系的一位教授，他从生物进化的角度研究了“游戏”这件事。格雷发现，人类儿童在没有责任负担的情况下，要比其他哺乳动物游戏的时间更长，而他们也从中受益匪浅。几年前，格雷对一些曾经研究过狩猎文化的人类学家展开过调查，所有受访的人类学家都指出，这种文化中的小孩会整天在没有家长陪护的情况下游戏。他们的家长认为，要成长为一个负责任的成年人，孩子们必须掌握一些技巧，而游戏对学习这些技巧是相当必要的。“有几个人类学家告诉我们，在他们研究的所有文化中，狩猎文化背景下的孩子是最聪明快乐、最善于合作、适应能力最高、恢复能力最强的孩子，”格雷博士如是说，“所以从生物进化的角度而言，玩耍是确保幼小的哺乳动物，包括人类幼儿，学会他们需要的生存技巧，顺利成年的一个自然手段。”

我们来比较一下这些狩猎文化和大多数发达文化中对儿童学习问题的不同处理方式。正如格雷博士在他的《玩耍精神》（*Free to Learn*）一书中指出的，现在的孩子在很小的年纪就开始进入学校学习，“我们现在不仅有幼儿园，有些地区甚至还有托儿所。而在幼儿园和托儿所之前的幼托机构也开始像小学那样越来越体系化。在这类机构中，成人布置的任务取代了游戏。”教学时间变得越来越长，关于延长学年的呼声也重新出现。渐渐地，每个普通教学日里自由玩耍的机会都消失了。“不仅仅是教学日变得更长更不好玩，学校也更多地侵入到了家庭生活中。家庭作业的数量增加了，那些本来应该用于游戏的时间被渐渐蚕食了。”

格雷认为，这对我们的孩子来说是一个巨大的损失。他支持那些心理学家、哲学家、人类学家，以及教育学家长久以来坚持的观点：**“孩子生来就是要通过自己独自玩耍来探索世界的，他们不需要依靠大人。他们需要的是自由发展，剥夺自由就是对他们施加折磨。自由游戏的内驱力是一种本源的、生理的驱力。”**

缺少自由的游戏也许不会像缺少食物、空气和水一样，伤害到孩子的身体，但却会伤害他们的精神，妨碍他们的心智成长。格雷博士指出：

> 自由玩耍是孩子结交朋友、克服恐惧、解决问题乃至学会掌控自己人生的一种方式，也是孩子获取体力和智力技巧的最基本方式，这些技巧对于他们在自己的文化中获得成功至关重要。不管我们做什么，都无法弥补我们从孩子身上剥夺的自由，再多的玩具、再多所谓“高质量陪伴时间”、再多的特殊训练都无法弥补。孩子在自由玩耍的过程中自主学习到的东西，是其他任何教育手段都教不了的。

我十分同意他的观点。孩子们都拥有与生俱来的强大学习能力，让他们自己摸索，他们可能会做出我们不能，也不该帮他们做的选择。**玩耍对学习的重要性毋庸置疑：它是好奇和想象结出的果实。**而事实上，标准化运动却在剥夺孩子们在学校里玩耍的机会。

现在，在小学生的日程表中，短短 15 分钟的休息时间已经是硬挤出来的，而且，如果日程表需要重新安排，这段时间首当其冲要被放弃。但与此同时，政治家们还在游说议员，呼吁延长教学日和学年。这样的政策不仅仅是有问题的，甚至可以说是反人性的。

我们在努力提高学生的学业成绩时遇到的很多问题，其实都源于学校现在的做法，源于学校惯例与自然学习节奏之间的冲突。如果你的鞋子磨脚，你肯定不会去打磨它，也不会责怪你的脚，而是会脱掉这双鞋，换一双更舒服的。**如果整个系统出了问题，不要责怪系统里的人，而应与他们并肩作战，改变这个系统，使之更好地运作。**最容易做出改变的人，对学习质量有着重要影响的人是教师。

知识一直是贴近生活的，我们需要做的是以一种更加与时俱进的方式去传递它。如果孩子们可以在现实生活的例子中学到知识，事情会变得很不一样。

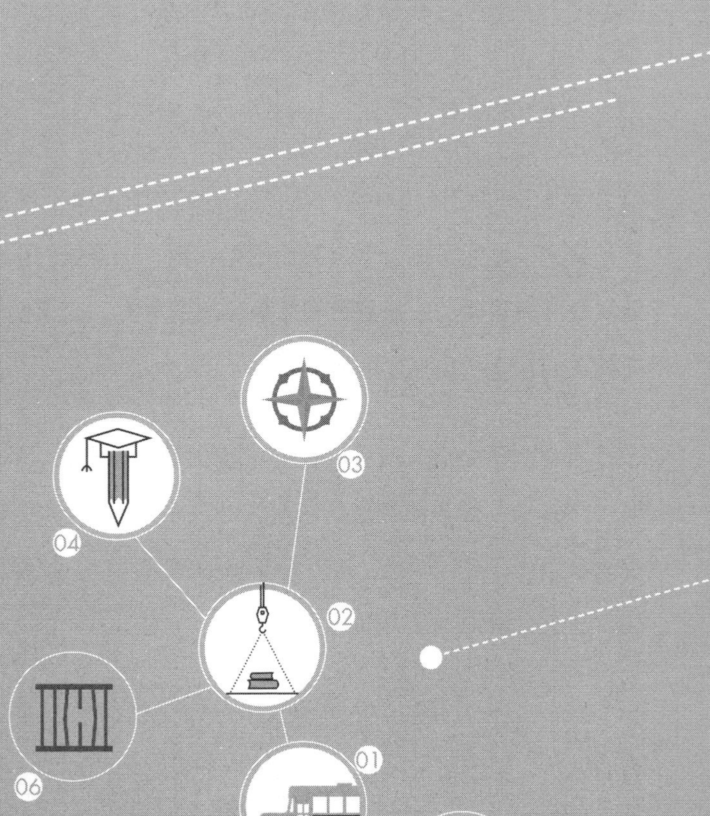

CREATIVE SCHOOLS

05

教学的艺术

The Grassroots Revolution That's Transforming Education

CREATIVE SCHOOLS 第56号教室的奇迹

在洛杉矶韩国城的霍巴特小学，雷夫·艾斯奎斯（Rafe Esquith）已经在56号教室里上了30年的课。霍巴特小学的大多数学生都是亚裔移民家庭的孩子，他们很多人在刚开始上学的时候甚至不会说英语。这个低收入地区整体的教育水平和毕业率都很低。艾斯奎斯的大多数学生来这里上学，只是为了免费的早餐和午餐。但在艾斯奎斯的教室中上过课的大多数学生都能顺利地从高中毕业，并且能够说一口流利的英语，其中的很多人进入了常春藤名校和其他排名靠前的名牌大学深造，拥有成功的职业生涯，一些校友甚至联合起来成立了基金会，用来支持后辈的学习和艾斯奎斯的工作。

这些令人吃惊的成就足以使人留下深刻的印象，但更加不可思议的是，他们取得这种成就的秘诀在于莎士比亚戏剧。艾斯奎斯带领整个班级的学生从故事、角色、语言、历史还有表演等各个方面学习莎士比亚戏剧。在踏进艾斯奎斯的教室前，这些霍巴特的"莎士比亚专家们"几乎都没有听说过莎士比亚的名字，但是他们后来对莎士比亚的解读，让3倍于他们年龄的人都感到惊讶。

我曾经有一次机会观看过他们的表演。我跟很多观众一起挤在56号教室拥挤的看台上，要知道，这个教室30年来曾经接待过无数来自世界各地的戏剧迷们。35个八九岁的孩子兴奋而娴熟地为我们献上了一出极具艺术价值的表演，剧目正是被很多批评家奉为莎翁最伟大戏剧之一的《暴风雨》。孩子们不仅用优美的语调呈现了台词，还表演了三声部和四声部的和声，并用超过12种乐器演奏了现场音乐，而这都是他们在过去一年里学会的。我注意到，一个扮演爱丽儿的韩国小姑娘不在舞台上的时候，也还在默念其他角色的台词，看起来她好像对整部戏剧了然于胸。中场休息时，我跟艾斯奎斯提起了这件事，结果他微笑着对我说："当然，他们都是如此。"第二幕开场前，他跟演员们说了我的疑问，并且问道："所有人都了解整部剧吗？"他们都微笑着向我点头。艾斯奎斯于是要求他们齐声念米兰达的第一段台词，结果所有人都完美地做到了。

他们之所以能够做到，并不是因为什么难以置信的记忆诀窍，而是因为他们完整地理解并且热爱着这部戏剧。霍巴特小学的莎士比亚戏剧表演的一位常客是伊安·麦克莱恩（Ian McKellen）爵士，他是世界上最杰出的演员之一。他是这么评价这些孩子的："他们理解每一个词语，很多专门表演莎士比亚戏剧的演员都不做到这一点。"但是莎士比亚仅占这些学生学习生活的很小一部分，他们只在放学后才开始排练表演，剩下的时间里他们会做一些高于年级水平的阅读理解，或者做一些高中生才会做的数学题。56号教室的墙上装饰着来自耶鲁大学、斯坦福大学、诺特丹大学等不同名牌大学的三角旗，这些大学都是艾斯奎斯已经毕业的学生去的学校，而且他们往往是整个家族中第一个上大学的人。

艾斯奎斯非常成功地激发了学生的学习兴趣，他们会提早来学校，会在假期里依然来上学，甚至发誓在艾斯奎斯教他们的一整年里不看电视。艾斯奎斯班级的座右铭是"世界上没有捷径"。他的学生们的努力程度甚至可以用疯狂来形容，而他也跟他们一样努力。艾斯奎斯在哥伦比亚广播公司的晚间新闻报道中是这么说的："如果我希望那些孩子努力学习，那么我就要做他们眼里最努力的那个人。"艾斯奎斯用实际行动证明了这一点，他每周会工作 6 天，每周六都会去学校帮他之前的学生准备学术能力评估测试。

在《第 56 号教室的奇迹》（*Teach Like Your Hair's on Fire*）一书中，艾斯奎斯讲了一个他奉为生命转折点的故事。这个故事与一个安静的女孩有关，她是那种在游戏组队的时候，最后一个被选上的孩子，她也似乎已经接受了自己永远不可能成为人群焦点的想法。当时他们正在上化学课，需要用到酒精灯。不幸的事情似乎总会发生在这个女孩儿身上，她的酒精灯怎么都点不着，急出了眼泪。尽管她催促艾斯奎斯不要为了她耽误了整个班级的进度，艾斯奎斯还是不想把她落下。发现问题出在酒精灯上，艾斯奎斯开始想办法修好它：

"不知道为什么，这根灯芯比正常的要短，我几乎看不到它。我尽可能地弯腰靠近酒精灯，用一根比较长的火柴去够那根灯芯。在试图点燃酒精灯的时候我离火柴非常近，我甚至能感受到它的火焰。我当时跟酒精灯杠上了，最后灯芯终于点着了，我得意地抬头，准备迎接这个女孩的微笑。

"她没有向我微笑，相反地，她看了我一眼，然后恐惧地尖叫了起来。其他孩子也开始喊叫起来。我不明所以地看着他们用手指着我，直到我意识到，在我点燃酒精灯的时候，火舌舔到了我的头发，我的头发烧了起来，把这帮孩子吓坏了！"

艾斯奎斯很快就灭掉了头发上的火，因为孩子们拼命地帮他拍打着他的脑袋。实验继续进行，没有再出什么意外。但是这段经历却深深触动了他：

"这是几周以来，我第一次意识到当一个教师的感觉是这么棒。我开始忽略所有之前教师们都听过的废话，我开始尽全力帮助我的每一个学生。在实践的时候我可能没有做到最好，但是我一直在努力。我对自己说，既然我能够那么投入地去上课，甚至没有意识到我的头发烧了起来，那么我的方向就是正确的。从那一刻起，我下定决心，以后的每时每刻都要像‘火烧头发’那样去教学。”

艾斯奎斯知道，教学不仅仅是一份工作或职业。更准确地说，教学是一种艺术形式。这一点，在艾斯奎斯成为第一个拿到美国“国家艺术奖”（the National Medal of the Arts）的教师后得到了证明。而每次看到那些伟大教师的杰作时，我也更加在心里确信这一点。

教师的使命

正式的教育系统包含三个主要元素：课程、教师和考试。课程标准运动的重点通常放在课程和考试上，教师只是被看作践行标准化运动的渠道。但这种优先级顺序完全搞反了，无论课程设计得多么详尽、测验成本多么高昂都不重要，教育改革的关键应该在提高教师质量上。**与班级规模、社会阶层、物理环境和其他资源相比，想要提高教学质量，更重要的是想办法激励学生学习，而这正是那些杰出的教师们所做的事情。**

约翰·哈蒂（John Hattie）是新西兰奥克兰大学教育学院的教授，他研究比较了全球各地影响学生学业成就的因素，列出了其中 140 多种。在这些影响因素中，排在首位的是学生对自己的期望，而另一个最重要的因素则是教师对他们的期望。

教师的一个核心作用就是帮助学生学习。听起来这好像是废话，但是事实上，有很多教师正在被要求去做教学以外的其他事情。他们的大量时间都被考试、记录、会议、撰写报告和处理学生纪律问题占据了。你可能会说，这些本来就是教师工作的一部分。确实如此，但是这些工作的最终目的还是为了教师最本职的工作，帮助学生学习。如果因为那些事情模糊了工作重心，那么教师的真正角色也就模糊了。

很多时候，课程标准运动把教师划归为服务行业，认为他们的主要工作就是像联邦快递的快递员那样，“投递”标准课程内容。我不知道这种类比什么时候被应用到了教师身上，但我认为这是对教师以及对教育事业的贬低。可悲的是，不是所有教育部的官员都把教师当作需要支持的专业人士。有些官员就为教师制定了苛刻的政策，把他们的业绩与学生的学业表现捆绑起来，即使他们知道影响学生在校表现的因素有很多，包括考试的性质。英国前教育部部长迈克尔·戈夫（Michael Gove）就曾指责说，大学教育学院的教师以及那些教师培训课程都是“未来的新威胁”，他们培养出的教师往往被灌了一肚子左翼理论，在实践中根本无法胜任这份工作。

英国的教师们自然不接受这样的指责。在2013年的年度会议上，全国教师联合会（National Union of Teachers，缩写NUT）通过了一个空前一致的投票，要求弹劾教育部部长。投票后他们高呼：“戈夫必须下台。”全国教师联合会的秘书长克里斯蒂娜·布洛尔（Christine Blower）认为，戈夫“必须要认识到，英国教师行业的士气已经低落到了一个危险的水平”。一个月后，全国教师领导协会也组织了自己的不信任案投票，协会的主席评论说，英国的教师和学生们“从来没有经历过这么糟糕的时期”。

与英国相反，世界各地那些取得了较高成就的教育系统，以国际学生评估项目的标准来说，都把教师的良好专业训练、高积极性和高薪酬看得非常重要。新加坡、韩国和芬兰的教师准入门槛都很高，得到这份职业要经过一个非常严格的筛选过程，需要接受昂贵的训练。而训练不仅包括特定的学科知识方面，还在于与学生交流、教育指导、班级管理、评估学生天赋等方面。

但如果孩子都是天生的学习者，为什么他们还需要教师呢？

教学的力量：静候生命成长

我曾经说过，教育就如同一个生命成长的过程，园艺是它的一个最佳类比。所有的园丁都知道，他们并没有“使”植物生长，也没有给植物粘上根与叶，或者画上花瓣。成长的是植物自己。园丁的工作仅仅是为植物的生长创造最佳环境。好的园丁能够创造这种环境，而差的园丁却做不到。教育也是一样。好的教师能够为学生创造良好的环境，而差的教师却不能。好的教师还知道，这种环境的控制权并不是永远掌握在自己手中。

在传统的和过程式的教学方式之间，一直存在着激烈的争论。在一般的批判中，传统教育强调向全班直接教授事实和信息，而过程式的教育是基于发现、自我表达和小组活动的学习。在我的经验里，很多学校中的过程式教学和传统教学的最大区别，更多存在于理论层面而非实践。实际上，所有学科的教师都会经常，也应该采用更加多样的教学方法，有时候是通过直接的方法教授事实和信息，有时候则是采用探索性的小组活动和项目。寻求两者之间的平衡正是教学艺术的体现。

因为我提倡在学校中进行创新，一些批评者就会认为，我是站在过程式教学的阵营里反对传统教学的所有形式，如果真是这样，那我也会反对学生学习事实啊。所以事实根本不是这样。我一直乐于捍卫自己的思想，却在被误解和因此被批判时感到很气愤。在自己的职业生涯中，我一直在说：**任何领域的创新工作都需要知识和概念的积累，需要塑造这一领域的实践，以及对创新基于的传统和成就有更深刻的认识。**

举个例子，1977 年，我们出版了《在戏剧中学习》一书，这是我们为学校委员会做的“10-16 戏剧项目”的成果。我们在书中详细地说明了孩子在戏剧中的探索和即兴活动，应该通过更多对于传统、实践和戏剧文学的理解来深化。

在“学校艺术”项目的报告中我们也提出，让孩子接触艺术的两种基本方式是，让他们创作自己的作品和品鉴他人的作品。对于一种动态且平衡的艺术教育来说，这两种方式都必不可少。创造涉及个体的“创造能力”（creative voice）和表达这种创造力的“技术技巧”（technical skills）之间的相互促进；品鉴则涉及对他人作品“情境知识”（contextual knowledge）认识的加深，即他们的作品是如何、何时、为什么创作的，以及在进行反馈时“批判性判断”（艺术和审美）的增强。

创造、技术、情境和批判的发展，也能很好地运用到其他学科的教学之中，包括科学、人文和物理。这也是我们在 1999 年《我们所有人的未来》的报告中提到的，在这个报告中，我们考察了学校整个课表的平衡和活力。选择采用传统教学还是采用过程式教学的最大问题在于，我们未能理解平衡所有这些因素的重要性。

为了达到这样的平衡，专业教师应该起到四种作用：激发学生兴趣、教会学生学习、期待学生表现和赋予学生权利。

激发学生的兴趣

伟大的教师都知道，仅仅了解自己的学科是不够的。他们的工作不是“教课”，而是“教学生”。他们需要创造使学生主动学习的环境，激发学生的兴趣，也可以说使学生着迷，激励学生学习，让他们对学习充满热情。如果教师做到了这一点，学生们的表现肯定会超出他们自己和其他所有人的期待。而这可能是被现在轰轰烈烈的标准化教育计划所忽略的最重要的一点。伟大的教师之所以能取得不凡的成就，是因为他们能够发掘学生最好的一面。他们会采用各种各样的方法，也会付出额外的努力，就像艾斯奎斯的莎士比亚戏剧课那样，或是像托马斯·弗里德曼（Thomas Friedman）的新闻课教师那样。

弗里德曼从小在明尼阿波利斯市的郊区长大，之后就读于圣路易斯帕克高中。在那里，他选修了哈蒂·斯坦伯格（Hattie Steinberg）在313教室的新闻课。这位世界知名的《纽约时报》专栏作家、畅销书作者提到，那是他选修过的唯一一门新闻课程。在《泰晤士报》发表的一篇文章中，弗里德曼说，斯坦伯格是他最喜欢的教师，她的说服能力，对基本原则的坚持，以及她严厉的爱都让他受益匪浅。当然弗里德曼也说过，斯坦伯格是他遇到过的最严厉的教师。弗里德曼是这样解释斯坦伯格对他，以及他在校报的“同事”的巨大影响力的：

> 我们有几个人参加了学校的校报和年鉴工作，斯坦伯格老师是负责人。我们几个每天上学前和放学后都会在那里逗留……没有人记得我们待了多长时间，因为我们每个人都非常享受斯坦伯格老师的滔滔不绝和谆谆教导。

"这些新闻学基本原理都没有办法下载，"弗里德曼补充道，"你只能在圣路易斯帕克高中的 313 教室里，用最原始的方式一条条上传。"如果弗里德曼没有遇到斯坦伯格，他会成为像现在这样杰出的人物吗？也许会。很明显，他拥有这方面的天赋，即使没有专家的指导，他的天赋也总会有机会让他崭露头角。但是如果没有遇到斯坦伯格，他的表现可能匹配不上他的天赋，他报道的可能会是本地市政厅的新闻，而写不出我们 10 年后，甚至几十年后还在讨论的文章和书籍。但我们不需要了解那种可能性了，因为他幸运地遇到了一位杰出的恩师。

教会学生学习

有的时候我们会认为，教师的主要工作就是提供直接的指导。确实，直接的指导在教学中占有举足轻重的地位，有时是面对整个班级，有时是面对一个小组，还有时是一对一的单人辅导。但专家型的教师往往会掌握多种方法和技巧，直接指导仅仅是其中一个。他们知道在何种情况下使用何种技巧，以及如何使用这些技巧，这是优秀教师的必备技能。就像其他的职业那样，教师需要足够的判断力和鉴赏力来知道，某时某刻什么样的技巧能够达到最好的效果。

你希望你的医生对医学知识有足够的了解，也希望他精通某个特定的领域，同时你也希望他能针对你的特定情况运用他的医学知识，希望他能把你看作一个有个性化需要的个体。教学也是一样。伟大的教师会直视学生们的眼睛，了解他们此时此刻的需求，会因地制宜地采用最合适的策略。**有效率的教学就是针对特定情况不断调整、判断和做出反应的过程。**

在《艺术的解放》(*Artistry Unleashed*)一书中，希拉里·奥斯汀(Hilary Austen)探索了很多成功人士在工作和生活中的表现，其中的一个例子是埃里克·托马斯(Eric Thomas)，他之前在伯克利大学读哲学，现在在教马术。托马斯说，做一名好骑手的秘诀是，跟马融为一体，成为有自己的精神和情绪的生物。奥斯汀博士讲述了一个在某节课上，托马斯指导了某个进展不怎么顺利的学生的故事。

这名学生对托马斯说，因为想练好转弯所以她练习得特别用功，但是每到第 3 个或第 4 个弯的时候她就失败了，然后她就放弃了。托马斯问她到底怎么了。这名学生回答道："我有时转得太早，有时又转得太慢了，这时我的马就会开始反抗，我不知道该怎么办。"托马斯打断了她的话，说道："你想得太多了，不要考虑那么多，把注意力集中在马上，去感受你的马。你不能试图驾驭'昨天的马'，你无法控制可能会发生的事情。每个骑手都会面临一个相同的问题：我们希望自己学到的东西能一直有用，但很多时候你想要处理的是发生在一分钟之前的问题，这是你为了达成目标要做的，可是骑马不能按部就班，情况是瞬息万变的，你需要随机应变。"

优秀的教师会明白，不管他们过去学了多少东西，今天与过去总是不同的，他们不能去驾驭"昨天的马"。这种理解不是日复一日地站在教室前，对着二三十个孩子讲课就能领悟的，用这种方式让孩子保持投入几乎是不可能的，尤其是对那些年幼的孩子来说。就其本质而言，这种教学方式会限制跟每个孩子单独交流的可能性。艾斯奎斯的教室里没有讲台，他认为，如果有讲台，自己可能就会一直坐在讲台后面，但他应该在学生中间走动。

孩子拥有天生的好奇心，激发学习兴趣就意味着保持他们的好奇心，这

也是为什么实践探究式的教学方式会蕴含如此巨大能量的原因。优秀的教师不会给孩子们灌输问题的答案，而是会反过来提出问题，鼓励学生自己去探索答案。杰弗里·赖特（Jeffrey Wright）是来自肯塔基州路易斯维尔市的一位富有天赋的科学教师，他会使用各种各样的方法来逗乐他的学生，激发他们对科学的学习兴趣，他曾经炸毁过南瓜，帮学生造过气垫船，还曾从长管子里往外射击。

> 你可能会看到一个巨大的火球在我的手中燃烧，然后升到天花板上去，我的学生没有一个会打瞌睡，每个孩子都在不停地问：是怎么做到的？而只要你的学生问出了“怎么做”，或者“为什么”这样的问题，他们就进入了你的“圈套”，你的“阴谋”得逞了！

赖特认识到，要使学生学习，刺激他们的好奇心，最关键的就是了解他们来自哪里，了解他们不在学校的时间里都发生了什么。“我小的时候，家里的情况跟这里的有些孩子非常不一样。我听到这帮孩子一直在谈论，他们回家后晚上会听到枪声。如果我知道外面有人在开枪，那我可能根本无法入睡，更无心学习。”学生们会跟他谈起怀孕、堕胎、家暴的父母，还有其他影响他们生活的事情。这让赖特明白，没有什么适用于所有孩子的万全之策。如果他想对他们的人生产生一点影响，就必须从每个学生着手。

“赖特拥有通往大城市的钥匙，”他的一个学生德娜·泰勒（Denaz Taylor）说道，“他曾经对我说：‘我一点都不在乎什么牛顿第三定律，我想教你一些走出校门后也能用得上的东西。’这让我感觉他是真的关心我，而我知道，他确实关心着我们每个人。”

很清楚的是，杰弗里·赖特确实在乎牛顿定律。而他做教师的天赋在于，他在努力找到帮助不同学生的方式，也在努力让学生们能理解和遵循牛顿定律。

期待学生的表现

教师的期望对学生的成绩有着举足轻重的影响。如果教师能让学生知道自己期待他们做得很好，那么他们很可能会表现得更好；而如果教师对他们的预期很低，结果自然也不会好。

丽塔·皮尔逊（Rita F. Pierson）是来自美国的一个教育专家，从 1972 年到现在，她已经有了 40 多年的教学经验。她的母亲和外祖母也都是教师，而皮尔逊在小学、初中和特殊教育机构都执教过。皮尔逊同时还是顾问、考试协调员、副校长。她把每一个角色都扮演得很好，因为她有热忱，她想要了解自己的学生，想让他们知道自己有多重要，想在他们的成长过程中给予支持。在过去 10 年的职业生涯里，她为数千名教师开办了职业发展研习班，主题包括"帮助资源不足的学生""满足非洲裔美国男孩的教育需求""防止辍学"等。

2013 年，在纽约的布鲁克林音乐学院，我很荣幸与皮尔逊博士一起，在美国公共电视台的特别节目"TED 教育"的平台上做了一次演讲。她在那次充满魅力的演讲里提到，她这辈子要么是在学校，要么在去学校的路上，又或者是在讨论学校里发生了什么事。她在自己的职业生涯中经历过无数旨在解决辍学问题的改革，结果却是有好有坏。事实上，皮尔逊说，"我们知道孩子们为什么会辍学，也知道孩子们为什么学不下去，是因为贫穷、缺乏关怀和同龄人的不良影响。我们知道这些原因，但对人与人之间关系的价值缺乏关注"。

要提高学习成绩，就必须要认识到，教与学是一种关系。孩子需要的是那种会跟他们建立起联系的教师，而他们首先需要相信他们的教师。皮尔逊提到了他们给孩子的小测验打分的方法：用正确题目的数量打分，而不是用错误题数来计，比如测验一共 20 道题，有一个学生错了 18 道。他们不是在他的卷子上写"–18"，而是写"+2"，并画了个大大的笑脸。皮尔逊的学生都知道自己成绩不好，但是通过关注他们正面的东西，皮尔逊给了他们创造和激发他们努力的基础。最重要的是，她让学生知道，她是支持他们的。

赋予学生权利

最好的教师不仅仅是指导者，还是学生的精神导师和人生向导，他们能够提高学生的自信，帮助他们找到正确的方向，让他们能够相信自己。塞尔焦·华雷斯·科雷亚（Sergio Juárez Correa）就非常了解这一点。他在墨西哥马塔莫罗斯市的洛佩斯（José Urbina López）小学教五年级。那里是一个赤贫的小镇，离美国国境线很近，因此常常上演毒品战争。在教师生涯的前 5 年里，科雷亚一直是站在教室前面用填鸭的方式灌输知识，他希望他的学生有机会通过学习改变自己的人生。这个任务是艰巨的，结果也并不理想。他的学生们大多没有通过墨西哥国家统考。

2011 年，科雷亚决定做一些改变。他觉得继续"教课"可能还是不会有什么突破，于是阅读了一些关于学生的天生学习能力的著作，也了解了一些证明这种能力的研究工作，其中就包括苏伽特·米特拉的研究。科雷亚认定，想要真正帮助学生成长，唯一的方法就是赋权给学生，让他们自己主动学习。

科雷亚开始给学生们分组，鼓励他们相信自己的无限潜能。他引导学生去探索发现，比如给他们展示什么时候会在生活中应用到分数的概念，或者教他们怎样通过实际的例子把几何图形实体化。科雷亚会在课上提出开放性问题，让学生在探索原因的过程中学习，而不是要求他们死记硬背，然后在考试的时候再生搬硬套。科雷亚鼓励合作和交流，他并不担心自己的课堂乱成一锅粥。科雷亚的学生也能感觉到，主动权掌握在自己手里，而这种自主权让他们对学习产生了前所未有的热情。

科雷亚班里的一个女孩帕洛玛·比诺（Paloma Bueno），在数学方面很有天赋。她似乎对那些连研究生都很难理解的数学概念有一种近乎本能的理解。科雷亚曾经问比诺，为什么她之前从来没有表达过她对数学的兴趣，比诺回答说，因为之前从来没有人把数学讲得像科雷亚那样有趣。在一次墨西哥国家统考中，比诺这个生活在一个一贫如洗的小镇垃圾场旁的女孩，得到了全墨西哥的最高分，她的事迹还上了国家电视台的节目。

比诺的考试成绩非常了不起，但这并不是一个特例，科雷亚班上的 10 个学生，在数学考试中都排在了前 1%。不过对于这样骄人的成绩，科雷亚的感受是矛盾的，因为他的学生是在一场标准化考试中赢得了成功，而这场考试考察的是那些死记硬背的知识点，而不是科雷亚当初为了实现突破，采用的那种基于合作、创新和发现的学习。不管怎样，毋庸置疑的是，科雷亚用一种令人震惊的方式，为我们展示了当学生拥有学习自主权的时候，他们会爆发出怎样惊人的能力。

让年轻人变成更好的学习者

很明显，这种对教学和学习关系的认知说明了“学习力”（learning power）的概念。发明并大力提倡“学习力”这个概念的其中一人，是英国学者和作家盖伊·克拉克斯顿（Guy Claxton）。他提出，建立“学习力（Building Learning Power）”项目，是要“帮助年轻人变成更好的学习者，不管是在学校里还是学校外。这个项目要创造一种课堂文化，系统地培养年轻人能够冷静、自信、创新性地面对困难和不确定的习惯和态度”。这样，学生对自己的学习能力才会更加自信，“学得更快更好。他们能更加集中注意力，努力思考，发现更多学习的乐趣，也可以在考试和外部测验中取得更好的成绩。而且，教师也更容易、更乐意去教学”。

建立“学习力”主要基于三个基本信念，这和我在这本书里讨论的内容不谋而合：

- 教育的核心目标是，让年轻人为毕业之后的人生作好准备；帮助他们形成心理、情绪、社会和战略资源，迎接挑战，良好地适应不确定性和复杂性。
- 这种教育目标对所有年轻人来说都很重要，也能够帮助他们发现自己真正热爱和擅长的事情，并增强他们追求这些事情的意愿和技能。
- 信心、能力和热情都是可以培养的，真实世界的智力也是可以通过他人的帮助来形成的。

克拉克斯顿认为，这三个核心信念“在充满变化、复杂性、风险、机遇，以及创造自己人生机会的社会里，尤其高度相关”。将它们变成现实是“一个渐进，有时甚至是充满挑战的过程，却也是改变学校文化、改变教学习惯的一个非常宝贵的机会”。

我曾经提到过，丽塔·皮尔逊的母亲也是一名教师。年复一年，皮尔逊看着她的母亲利用休息时间跟孩子们在一起，在下午的时候给孩子们做家访，会买一些花生酱和饼干放在自己的抽屉里，给那些饿了的孩子们吃，她还会为一些脏孩子准备毛巾、肥皂、梳子和刷子。

在母亲退休很多年后，皮尔逊看到当年的一些孩子回来告诉她：“老师您知道吗，您改变了我的人生。您让我的生活有了意义，让我知道我是个人物，即使那个时候我心里知道自己不是。我就是想让您看看，我现在成了什么样的人。”

> 如果我们的孩子都不惧挑战、不惧思考，都有一个拥护者的话，我们的世界会变得多强大？每个孩子都应该要有一个拥护者，有一个永远不会放弃他们的大人，他会懂得联系的强大力量，并坚信孩子们可以变成最好的自己。

翻转课堂的可汗学院

我早期曾经对戏剧教学很感兴趣，其中一个原因是觉得戏剧教师都是教育专家，他们精通于提出问题让学生探索，也精通于简化合作研究和个体探究的复杂过程，而这两者恰恰是深度学习的基础。戏剧的基础是团体合作和探索，往往是教师站在一边提供训练和指导，引导学生通过互相学习去探索一些问题。近几年，在一场叫作“翻转课堂”的运动中，这种技巧被广泛地运用到了其他学科。这项运动的其中一个灵感来源于可汗学院创始人萨尔曼·可汗[①](Salman Khan)。

① 教育工作者，可汗学院创始人，被《时代周刊》评为“100 位最具影响力人物”之一。其著作《翻转课堂的可汗学院：互联时代的教育革命》中文简体字版已由湛庐文化策划，浙江人民出版社出版。——编者注

可汗学院的创建是一个意外，萨尔曼·可汗并没有打算改革基础课程。在此之前，他是一个对冲基金分析师，拥有非常充实的生活。最初他只是想辅导住在外地的一个小表妹，她在数学学习方面有困难，而这恰好是萨尔曼擅长的学科，所以她想到向萨尔曼求助。萨尔曼答应她在每天工作结束后给她辅导，辅导的效果非常好，好到其他的表弟表妹也来向他寻求同样的帮助。

很快，萨尔曼为他那些还在上学的亲戚们建立了“可汗学院”。“一开始的时候对我来说只是玩票。到 2006 年的时候我发现，我每天下班后要辅导的亲戚朋友已经增加到了 15 个。于是我的一个朋友建议我录一些视频，这可以帮助我再扩大一点规模。我就录了视频并把它上传到了 YouTube 平台。”

萨尔曼刚把他的辅导视频上传到 YouTube，就有很多他不认识的人前来观看，并利用这些视频来帮助自己学习。萨尔曼开始收到世界各地观众的评论，他们告诉他，他的视频让一些学科变得好懂甚至有趣了起来。随着辅导视频的增多，萨尔曼的粉丝也越来越多，这件一开始非常个性化的事情，开始有了戏剧化和全球化的新角度。到 2009 年的时候，每个月访问可汗学院的人数已经超过了 60 000 人。

那一年年底，有一些主要支持者，包括比尔·盖茨和谷歌，开始支持可汗学院。“他们想知道可汗学院可以走到哪一步，我告诉他们，我正在搭建一个软件平台，我们可以招募一个团队去完成这个平台的创建。我设想的是创建一个学习工具，让每个人都可以根据自己的节奏去学习，教师们也可以用这个工具进行区别化指导。到目前为止，很多措施已经落到了实处。”

对于萨尔曼和超过 700 万个可汗学院网站的固定访客来说，有一件事情是非常确定的，那就是通过这个网站会获得不可思议的新学习角度。可汗学院网站上的视频和其他指导材料，让学生得以根据自己的节奏去学习，根据自己的兴趣和掌握程度去深入学习一门学科。萨尔曼鼓励的是“掌握”，而不是走马观花式地学习一些主题或技巧。举个例子，一个要学习分数的孩子要观看一些学习视频，并且正确回答 5 个基本问题，才能接触到下一节课的视频和练习。最后，他需要连续答对更多数量的题目才能进入下一阶段的学习。这种方式能够鼓励学生真正理解学习内容并融会贯通，而不仅仅是在考试中生搬硬套。

对于萨尔曼来说，以这种方式学习，能够最有效地利用课堂和课后作业的时间。“**课堂不应该是被动地听教师讲解和记笔记，你应该根据自己的节奏学习。既然你进入的是一个有人的房间，你就应该去跟他们交流。**可汗学院可以保证为你搭建一个学习的‘脚手架’，如果你还是有问题，你可以在现实的课堂中向其他人提问、回答别人的问题，或者做更多课题作业。”

这种教学形式渐渐开始有了更多践行者。埃里克·梅热（Eric Mazur），一位哈佛大学物理学教授，就开始用这种方式代替传统的大学课程。梅热发现，当他扮演“身边的导师”，而不是“台上的智者”的角色时，他的学生能更快理解和学会如何去应用所学的知识。梅热会要求学生在上课前先阅读课本，观看他的讲座，或者阅读其他与主题相关的材料。他走进教室后会先做一个简短的课堂介绍，接着给出时间让学生自己思考。不同的学生会有不同的结论，其中有一些会更接近正确答案。然后梅热会让那些得出正确答案的学生跟他身边答案错误的学生进行讲解。

> 想象这样一个场景，有两个学生坐在一起，其中一个叫玛丽，一个叫约翰。有一道题玛丽理解知识点所以知道答案，但是约翰却不会。那么一般情况下玛丽会比梅热教授更容易教会约翰。为什么呢？因为玛丽是新学的这些知识，她能理解约翰遇到的难点，但是梅热教授却是很早之前就学会了，这些题目他早就已经了然于胸，所以就很难理解那些初学者遇到的困难。

翻转课堂一般情况下是这么工作的：教师在课堂上不再站在教室前面针对某一个主题讲课，学生会在自己家里自行在线完成这一过程，教师则用课堂时间来进行“同伴教学”，就是梅热教授例举的上述方法，这种方法可以一对一地帮助那些遇到困难的学生，让学生投入到主题相关的课程讨论中，并考察学生对已学知识点的掌握程度。这样一来，课堂任务就变成了课后作业，而课后作业则变成了课堂任务，好处就是学生可以根据自己的个人节奏，安排自己的学习进度。

有很多证据可以证明翻转课堂是有效的。20 世纪 50 年代的一个研究显示，与传统课堂相比，同伴教学法让学生学习到的知识数量“要高出两个标准差”，其他的研究也都显示出了类似的结果。

2013 年，爱达荷州的 48 个公立学校开始结合可汗学院，进行翻转课堂的试点计划。谢尔比·哈里斯（Shelby Harris）是参与这个项目的教师之一，她在库纳中学教七年级，也是戴维斯·古根海姆（Davis Guggenheim）导演的电视纪录片《教育》的主角。“我一开始非常焦虑，我担心这个计划会将教师挤出教育系统，而由电脑取代我们，”哈里斯说，“我担心它会让学生跟我变得疏远。但结果恰恰相反，我现在做得比我在过去 13 年内做得都要好。我跟学生拥有了更多相处的时间，我能在学生需要的时候教他们想学的东西。”

哈里斯认为，要想在教育上获得巨大的成功，可汗学院提供的及时反馈以及教师提供的个人指导非常必要。“学生有时会觉得他们的答案是对的，自我感觉良好，”哈里斯提起过去传统家庭作业的经历时说道，“然后他们到课堂上却发现自己的答案是错的，事实上他们不知道该怎么做。但在可汗学院，学生做完一道题后，马上就会知道他们到底是对的还是错的。如果是错的，他们可以点击查看正确的解题步骤，找出来到底是哪一步做错了，然后在下一次表现得更好。他们可以自己进行高效的学习，而我则在这种方式不管用的时候提供指导。”

哈里斯提到的问题正反映了萨尔曼·可汗自己的教育经历。“还在上学的时候我就认识到，被动地坐在教室里听课能学到的东西少之又少，不管是一年级还是毕业班的学生都是这样。现在想想，我之所以能跳出这样的局限，开始真正学习到一些东西，是因为当时参加了数学兴趣小组。小组里一共有 30 多个学生，我们会互相学习、互相指导对方，老师会给我们提供指导，但是不会直接给我们讲课。我也在新闻课上学到了很多东西，同样是有很多学生互相合作，为了同一个目标努力。高中的时候，我参加了摔跤队，虽然训练非常严格，但我们却乐在其中，因为团队里有一种团结协作的氛围，每个同学都会互相帮助，教练也会在旁边指导你。”

> 课堂不应该被用作直接指导，没有一个学生会喜欢这种方式，也没有一个学生能够真正投入进去。教师也不喜欢这种方式，他们会觉得像是对着真空讲话。人类不应该是被动的。当人们聚在一起的时候，他们就应该互相交流。在教室里，他们应该在解决问题，或者在创造些什么。

学会教学，换个方式试一试

让我们来讨论一下“创造力”这个主题。这个主题我已经在其他作品中提过很多次，我在这里重复并不是要考验你的耐心，但如果你对这个话题感兴趣的话，我会再多说一些。在《让思维自由》这本书里，我仔细探讨了创造力的本质，以及它如何与艺术、科学和其他人类有所成就的领域的智力相关。1997年，我被一位英国政府官员邀请，在一个旨在提高全国5～18岁学生创造力的项目中发表意见和建议。小组成员有数学家、艺术家、教育家和商业领袖，大家一起在探索教育中创造力的本质和重要性。我们的报告《我们所有人的未来》提出了如何让它得以实现的细则，并定位了从学校到政府的各种教育人群的工作。

有时候，人们会说创造力无法定义，但我觉得是可以的，以下就是我的定义，也是基于“我们所有人的未来”这个项目得出的结论：**创造力就是产生那些有价值的原创想法的过程。**

这里需要关注两个概念：想象和创新。想象力是创造力的基础，也就是能够想到那些并未呈现在我们面前的东西；创造力就是让你的想象力变成现实，是运用想象力，创新就是让新想法变成现实。

关于“创造力”有各种各样的说法：有的说只有特别的人才会有创造力；有的说创造力只与艺术有关；有的说创造力是没有办法教出来的；还有的说创造力就是无拘无束地表达自己。但在我看来这些都是谬论！创造力的根源是人类生来就有的各种能力。创造力存在于人类生活的各个领域，科学、艺术、数学、技术、烹饪、教学、政治、商业，存在于你能想到的所有领域。就像人类的其他能力一样，创造力是可以提高发展的。而要提高创造力，就需要提高对各种技巧、知识和想法的掌握程度。

创造力跟新颖的想法有关，这个想法不需要对所有人类来说都是全新的，它只需要对那些处于相关领域的人来说是新颖的就足够了。创造力也包括你对正在做的事情是否能做出关键性的判断，不管你做的事情是理论、设计还是诗歌。创造性的工作通常会经历几个典型阶段。有的时候，你的工作成果会跟最初设想的不一样，所以在工作过程中需要不断建立新的联系，需要与别的学科进行交叉，需要使用一些类比和隐喻的方法，这是一个动态调整的过程。

要变得有创造力，不仅仅包括想出一些疯狂的主意，或者进行天马行空的想象。它可能会需要兼而有之，而且还包括改善、测试，以及全神贯注于你所做的事情上。它需要最初的想法，也需要精确地判断你在做的事情方向是否正确，是否值得做下去。

创造力跟纪律和约束并不是对立的。相反，任何领域的创造力都需要高度掌握相关领域的知识和技巧，对任何教师来说，提高创造力都是一个有趣的挑战，它需要了解创造性工作的真正动态过程。

创新不是一个线性的过程，不需要你在开始前就掌握所有的技巧。**任何领域的创造性工作，确实都需要对相关的技巧和概念有逐步加深的了解，但是不需要在工作开始之前就对一切都了如指掌。**把全部重心都放在提高技巧上，只会让你丧失兴趣，对任何一门学科而言都是这样。很多人因为那些死记硬背的任务，一生都不想再接触数学，原因在于这种方式根本不能让他们体会到数字的美妙之处。很多人为了通过音乐考试，花费数年时间不情愿地练习音阶，结果一考过级就把所有乐器抛在了脑后。

真正能激发创造力的，是对求知的渴望和对工作的热忱。如果学生有强烈的学习动机，他们自己会去学习相关的技巧来完成任务。他们对知识的掌握程度会随着创新的动力一起增长，这样的动态过程在每一个科目中都可以看到，不管是足球课还是化学课。

很多从事其他职业的人也可以从事教师工作，为教育事业奉献精力、热忱和专业知识。他们不一定要接受教师资格培训，但他们必须要对所教的学科充满热情，也要热衷于与孩子分享对这门学科的热爱。尼尔·约翰斯顿（Neil Johnston）就是这样一个人。还在上大学的时候，约翰斯顿成立了自己的存储搬运车音乐公司，作为他创作的乐曲和其他音乐作品的传播媒介。为了筹集启动资金，他开始在附近的学校里教音乐课，每周去两天。

“这所学校坐落在一个缺乏教育资源的地区，”约翰斯顿告诉我说，“整个学校 600 个人中只有两个人学吉他，而这是这个学校唯一的一对一音乐项目。”

“我很高兴看到数字化改变了整个音乐产业，”约翰斯顿说，“但是我在课堂上看到的，完全无法体现出我对音乐的喜爱和热情。让我深有感触的是，那些我们最难搞定的学生，恰恰是那些在休息和午餐时间用手机听歌的人。他们都热爱音乐，但他们讨厌音乐课。”

利用有限的时间和资源，约翰斯顿开始尝试使用一种比较新潮，也比较贴近生活的方式，给学生打开了音乐世界的大门。他当时正在为商业广告和电子游戏配曲，他把他的工作带到课堂上去，让孩子们也参与到这个过程中。那些完全无法了解古典乐曲要义的孩子，却摩拳擦掌地参与到头脑风暴中，纷纷为可能会出现在他们游戏机和 Xbox 里的曲子出谋划策。

与此同时，约翰斯顿也开始从孩子的角度为他们讲解音乐，就从那些他们课间用手机播放的歌曲开始。“不管是喜欢还是讨厌，每个人对音乐都有自己的想法。我会在课堂上放布兰妮·斯皮尔斯（Britney Spears）[①]的歌，可能有30个孩子会非常喜欢，但也肯定会有人讨厌它，他们会想要表达出自己的看法，而这开启了我们之间的对话，孩子们会投入其中，他们不会再在上课的时候百无聊赖地玩手机，刷新 Facebook 主页。他们不再心不在焉。”

看到自己在孩子和音乐之间建立起了桥梁，约翰斯顿开始考虑把乐队带进校园，进行为期一天的摇滚和流行音乐工作坊。不出所料，工作坊大受欢迎，也吸引了一些公司的注意，它们很看好约翰斯顿正在做的事。苹果公司联系了约翰斯顿的音乐公司洽谈合作事宜。遗憾的是，尽管当时双方都有兴趣，却一直没有很好的机会合作。

苹果 iPad 的发布改变了这一局面。“iPad 的诞生一下就吸引了我的视线，它实在是太棒了，我正在寻找一些能够帮助我教音乐的设备，而它正是我想找的东西。利用这台触控式平板电脑，加上几个优秀的 APP，孩子们即使没有学过任何乐器也可以参与到音乐中来。iPad2 发布后，苹果开发了一个叫作 GarageBand 的 APP，我直接打电话给苹果公司说：‘我可以向你们借一批 iPad 吗？我想要做一点尝试。’”

约翰斯顿想要尝试一个音乐教学项目，用“玩”音乐代替“学”音乐，用来加强孩子们对音乐的内部体验。在此之前，这样的项目只能针对那些接触过乐器，并且有兴趣也有恒心去学习乐理知识的学生开设。而现在，有了 iPad 和 GarageBand，所有这些附加条件都没有了，一台平板电脑和一个 APP

① 美国著名女歌手，演员。——译者注

软件就可以让孩子们变成吉他手、鼓手、萨克斯手……只需要点击几下就可以做到。

> 平板电脑的一个好处是，它对孩子而言没有准入门槛。我们可以让一组从未接触过乐器的孩子去练习成功乐队必需的听力技巧。他们不需要知道什么是音阶，因为我们可以在 iPad 上给他们设置好。孩子们需要用到的唯一技巧，就跟他们敲击三角铁一样，运用同样的方式并保持同步。优秀的孩子对此更是如鱼得水，你可以给他们布置更具挑战性的任务。

学生对这个项目的反响很热烈，正如约翰斯顿预料的一样。很快，约翰斯顿的音乐公司就与很多英国南部的学校一起合作开展了工作坊。“我们在 2011 年的 6 月录制了一个视频，展示怎样把它作为教学工具来使用。在那之前，我们已经跟重点区域的 50 多所学校开展了合作，而视频上传后，我们开始接到来自世界各地的邀请。教育现在占我们公司业务的 60%。2012 年，我们还在美国做了一个巡讲。”

这个项目的成功是约翰斯顿的音乐公司扩张计划的一部分。与此同时，这个项目也创造了一些意料之外的惊喜，其中最值得称道的，恐怕就是约翰斯顿歌冲到了 iTunes 排行榜榜首这件事了，而这首歌是由他的 400 个学生一起在盖伍德（Gaywood）小学录制的。此外，约翰斯顿与一些学生一起创作《你让我怦然心动》（*You Make Me So Electric*）这首歌时，录制的视频已经在 YouTube 上拥有了上万点击量。

约翰斯顿很快意识到，和那些天天给学生上课的教师相比，他的一日工作坊有一定的优势。这种效果类似于一个离婚的父亲每周探望一次孩子，却带给了他很多关怀。因为约翰斯顿的音乐公司，学校的每天都变得跟节日一样。

“因为我们都没有接受过专业的教师训练，我们教孩子的方式很可能与其他教师不同。我们会挑战他们，比如给他们 40 分钟时间，要求他们做出一首电视广告的配乐。”同时，约翰斯顿也注意到：“我们同样给教师们带来了一些帮助，我们教育孩子的方式也启发了其他教师。”给孩子们展示如何演奏音乐，写简单的谱子，发行歌曲，约翰斯顿的工作坊有很强的实践性，学生也因此非常投入。不管以后是否想要在音乐道路上发展，他们都比单纯被要求欣赏名家作品要投入得多。

工业化跟教育之间的联系让学习不再脱离现实。在课本之外，世界一直在发展。**知识一直是贴近生活的，我们需要做的是，以一种更加与时俱进的方式去传递它。如果孩子们可以在现实生活的例子中学到知识，事情会变得很不一样。**

如果说尼尔·约翰斯顿是把娱乐当作一种教学工具，米奇·莫菲特（Mitch Moffit）和格雷格·布朗（Greg Brown）就是把教学当成了娱乐工具。他们创建了一个非常受欢迎的 YouTube 频道 AsapSCIENCE，把教学转变成了一种表演艺术。是先有鸡还是先有蛋？如果你不睡觉会怎样？当你陷入爱河的时候大脑里发生了什么？ AsapSCIENCE 结合了真正的科学和有趣的图像，回答了各种各样的问题，也吸引了上千万人去追寻答案，当然绝大部分是学生。

“有时候，受教育系统的影响，你很难第一时间发现这些趣闻。”莫菲特对我说，“这是以渊博的知识为基础的，你必须理解背景知识，才能抓住其中有意思的点。现在，我们有机会抛开这些束缚，并且说：‘我们知道有件事你一直很感兴趣，现在我们就来讨论一下它，我们会告诉你发生了什么。让我们一起从另一个角度学习科学。’”

布朗是一位训练有素的教师，但他发现，传统的教育方式常常让他感到挫败。“整个课程都太标准化了，我们必须在科学课上教特定的课程内容，”布朗说，“而我所看到的是，我们现在的教育系统对孩子们一点用都没有。激发他们的兴趣是最难的事情。在 YouTube 上传我制作的视频后，孩子们的反应让我觉得非常有成就感。只要屏幕上开始播放视频，孩子们就会变得全神贯注，因为这就是他们在空闲时间所做的事情。他们会听、会看，也会问。视频引起了热烈的讨论，这是过去的课堂上从没有过的事情。这样的一个小试验非常有意思，你会很惊奇地看到，孩子们非常好奇，对世界充满了无穷的疑问，但如果你开始讲什么是原子，他们的眼神就会再次黯淡下去，他们对此并不感兴趣。”

> 我在上课的时候遇到的主要问题是，我教的内容跟学生没什么关系。学生不知道他们为什么要学这些东西，学来又有什么用。我们的频道能取得成功的一个原因就是，我们回答了所有年龄、所有种族、所有背景的人都想了解的问题，这些问题与他们是切身相关的。

AsapSCIENCE 表明，如果能用一种吸引学生的方式呈现教学内容，教师也会具有巨大的吸引力。它还说明，就像父母在下厨时悄悄在甜点里加入蔬菜一样，教师在上课时加入一些“甜点”的话，学生就会吸收更多知识。“我们的视频并不能完全替代教师，但可以起到催化剂的作用，”布朗如是说，“‘嘿，放屁特别搞笑，让我们来谈谈关于放屁的一些知识，于是我们就开始学习气体。’我们的视频可以激发学生对课程主题的兴趣。”

那么，要成为一名真正优秀的教师，需要接受什么样的训练呢？它真的需要训练吗？正如我们所看到的那样，尼尔·约翰斯顿做得非常出色，他让一群没有接触过任何乐器的孩子变得热爱音乐，但他从来没有接受过任何教师职业培训。我们可以举出很多其他的例子来证明，没有接受过教师资格训练的人，也可以让他们的学生热情地投入到学习中去。之所以能够做到这一点，是因为他们做的事情都十分纯粹，我猜这些教师也会认同我的这个观点。迈克尔·史蒂文斯（Michael Stevens）的 YouTube 频道 VSauce，吸引了无数孩子对科学的关注，但他也承认："教学跟制作视频是很不一样的。我每周只做一个视频，而且视频的内容和呈现方式都是我自己定的。但是教师每天都需要上课，他们要达到国家标准，要管理纪律，要努力成为学生的朋友，还要扮演很多其他角色。而我在 VSauce 的视频中做的仅仅是一个独立的研究。"

很多政客抱持着这样的观点，如果你在某个学科上有很高的学历，你就可以去教那门课。你是分子化学硕士？那你当然可以胜任科学教师的职位。他们认为，如果你掌握这门课的专业知识，你就可以把自己掌握的东西教给别人。这种看法就好像教师要了解的就是这些专业知识而已，剩下的过程都是机械化的。很多时候，人们都会假定，精通某一学科的专业知识就足以成为一个优秀的教师。事实并非如此。当然，了解所要教的学科通常是非常重要的，我是说"通常"很重要，但并非"总是"很重要。在一些领域，对专业知识的了解确实很重要：我不会罗马尼亚语，我就不太可能去教这门课。诸如"噢，这会有多难呢？"这样的想法是没有意义的，我就是做不到。学科的专业知识对于优秀的教学来说通常是基础，但这还远远不够。优秀教学的另一部分在于，要了解如何去用这些材料激发学生的兴趣，好让学生自觉自发地去学习。这正是为什么所有成绩斐然的学校系统都会在挑选教师，以及对教师们的培训上大量投资，也是为什么在这些学校系统中，教师是备受尊敬、收获颇丰的职业。

对于有效培训和发展的需求，最好的说明之一，就是安迪·哈格里夫斯（Andy Hargreaves）和 迈克尔·富兰（Michael Fullan）在《职业资本：改变每所学校里的教学》(*Professional Capital: Transforming Teaching in Every School*)这本书里的突破性分析。他们得出了这样的结论：在教师招聘和必要的培训上省钱的短视行为，将会导致“经验不足、价值不高，并很快枯竭”的教学力量。而我们付出的真实代价是低质量的学习，也剥夺了孩子们未来成功的机会。

最开始的教学培训应该由学校里的资深教师来指导，并进行大强度的实践。而且，其中也必须包括对实践、教育史理论，以及铸造历史的各种运动和思想流派的研究。教学的主要任务在于促进学习，它就应该包括对学习理论、心理学，以及现在非常重要的认知科学的研究。此外，还应该理解包括一些教育系统如何在不同国家运行，以及这些教育系统的运行结果和影响。一开始的培训非常重要，但是一旦进入职业生涯，高效的实践者也需要程序性的职业发展机会来更新他们自己的创新实践，和相关发展政策的实践保持一致，并进行更加普遍性的研究。

优秀的教师是优秀学校的核心。在不同的岗位上，他们可以帮学生实现以下目标。

伟大教师的 3 大目标

/激励/

伟大的教师能够激励他们的学生去探索所学的学科，发挥他们的最佳水平。

/自信/

伟大的教师会帮助他们的学生增长知识，提高技巧，让他们变成自信独立的学习者，能够自己主动地去学习专业知识。

/创造力/

伟大的教师能够让他们的学生自己去试验、质疑，提出自己的问题，提高他们独立思考的倾向和创新性思维的技巧。

这些原则应该应用于所有课程系统的教师身上，那么我们的课程系统应该包括些什么呢?

在任何领域，有效的学习都包括不断的尝试和失败，突破性的过程中也总有寻找解决方案的失败与暂时性搁浅。这种动态的进程应该是课程的核心内容，也是高科技高中成功的重要因素。

CREATIVE SCHOOLS

06 什么值得学

The Grassroots Revolution That's Transforming Education

CREATIVE SCHOOLS 冲破界限的项目学习

位于加利福尼亚州圣地亚哥市的高科技高中成立于2000年，是一所以整合科技教育和学术教育为目标的特许高中。如今，它是一所由5所高中、4所初中和3所小学组成的联校。学校每年有超过5 000名在校生。高科技中学的一天与大多数学校的一天非常不同，它们会根据项目学习来设置自己的课程。学校的教师杰夫·罗宾（Jeff Robin）是这样描述“项目学习”（project-based learning）的：首先，教师需要弄明白希望学生学到什么，学习的内容可以是标准化的，也可以来源于教师的创造；然后再由教师设计出整个项目。教师需要将学习的内容还原到项目中。

高科技高中的创始校长拉里·罗森斯托克（Larry Rosenstock）曾说：“你需要将科技教育的方法，比如团体合作、团队教学、体验性、应用性、探险性，和学术教育的内容，比如文学、数学、人类学以及其他一切学生需要了解的事情，结合起来。”

高科技高中的学生可以高效地学习所有的课程，因为他们可以将不同的学科整合在一起。举例来说，艺术和生物就可能结合，或者人类学和数学也有可能整合在一起。学生会发表一些文章，制作纪录片或者创作一系列丰富多彩的项目。例如，他们可能会通过撰写，或制作一本关于圣地亚哥海湾的书，学到生态系统、摄影和图表设计的知识。除此以外，学生还会把他们的作品带到现实生活中，而这些充满创造性的项目可以服务于本地社区，带来更大的影响。最近，一个研究 DNA 条形码的项目，设计了一个应用于非洲市场的工具，这个工具可以用来检查市场上的肉是否来自偷猎者。

不同于大多数学校，高科技高中的学生不需要一下课就挤在走廊里，奔向不同的教室去上不同学科的课。学校将一天分成几个小块的时间，让学生在不同的项目中有更多的时间去学习，更多地体验这种经历。罗森斯托克告诉我:“我们学校没有下课铃，如果同学们想要上厕所尽管去。在高科技高中没有什么绝对、公认的系统。这里一直有很多事情在发生。这更像是去‘探索’，而非完成一个学科的学习。学生学生物是通过做现场研究，而不是靠死记硬背生物名词。我们的孩子会在公立部门或私立机构进行实习，这看起来好像很宽松，但是从另一方面来说，这实际上也是非常紧凑严密的。”

“学生和团队中的教师一起工作，他们不是从一个学科跳到另一个学科那样学习，而是在做和创造许多事情。人们会期望他们能公开陈述他们基于一般原理的研究。同学们常常会站在台上给大家展示。在这个过程中，他们肯定体验到了许多乐趣。”

在这样一个引人注目、与众不同的方式下，组织课程需要很多团体买账，或者说需要他们的认可和支持，包括学生家长。虽然他们并没有一开始就对高科技高中的教学方法表示认同。“在高科技高中最开始成立的时候，有家长质疑我们的教学方法。但是他们说，他们也没有办法让孩子不来学校，因为学生们非常喜欢来学校上课。一段时间后，我们的学生就开始陆续进入非常棒的大学。”

几乎所有高科技高中的学生都进入了大学，大概有70%的学生进入了4年制大学。“我们高中的大学录取率格外优异。我知道，有人会说，并不是每个人都需要进入大学学习，我明白这一点。NBA的球员不用，摇滚明星不用，极具天赋的程序员也不用。但我们认为，即使对于那些不会进入大学的学生来说，不把他们与那些预期读大学的学生区别开来会更好。”

这群预备大学生中的半数以上是他们家族中接受高等教育的第一代，这很大一部分归功于高科技高中在缩小社会阶级差异上的努力。他们通过双盲的抽签方式选择学生，而且他们会在升学阶段，如小学升初中，初中升高中，根据不具有任何额外信息的邮政编码来抽取学生作为补充生源。

“虽然我们做的是教育，”罗森斯托克校长说，“但融合社会阶层的使命也迫在眉睫。从社会资本的角度来说，美国在不断衰退。社会中有一种系统性的错误预判，我们会通过一个人的种族、社会经济地位、性别等去预判谁可以、谁不可以做什么。而如今标准化的测试又给了我们另一种错误预判的方法：判断一个我们并不熟悉的孩子能做到什么，可以达到什么程度。我们学校努力在做的，就是防止落入错误预判的陷阱。当你真的和这些孩子一起工作、学习的话，你会发现他们都是那么聪明，教师只是需要通过不同的方式让他们学会而已。”

“让所有学生接受教育”，正是教育改革的风险点。正如我们看到的，这意味着重视学习和教学的质量，也意味着我们要有这样的课程来让这一切成为可能。

一个由来已久的争议

课程是关于学生应该知道什么、理解什么和能做什么的框架。在大多数学校，课程中的一部分是必修课，一部分是选修课，还有一些是自愿参加的，比如学习俱乐部和课后学习小组。正式课程和非正式课程之间有很大的差别。正式课程就是必修的部分，是需要测验和考试的内容；而非正式课程就是自愿完成的内容。正式和非正式课程一起构成了整个课程系统。

课程的一个很明显的目的，就是告诉学生什么是必须学的，但它还有另一个目的。学校需要一个课程系统，这样才可以设计出运用资源的方式，以及如何安排每个人的时间和空间。一般来说，学校会将一天分成许多小的时间单元，然后将这些时间单元分配给每一个学科，这些看起来可能都是常识。**学校里的每一天确实需要组织得很好，学生和教师也确实需要知道接下来会发生什么，在哪里发生，什么时候会发生**。原则上，课程系统需要有安排好的日程表，但事实却并非如此。

我女儿在 10 年级的时候想要继续学习跳舞，但这与学校的日程安排冲突了,因此她不能去。在我 14 岁的时候,我也不得不放弃与德语课冲突的艺术课，因为学校认为德语课对我的学习来说更重要，即使这是错误的。很多高中生也有过类似的经历。

如果日程安排是灵活的，更个性化的，就很有可能会对动态变化的课程有帮助，而这种动态课程恰恰是学生目前所需要的。

在教育领域，关于教师该教什么，以及这该由谁决定，存在一些非常激烈的争论。我在这里不具体讨论课表的内容、设想和技巧，或者其他应该由各种课程覆盖的教学内容。关于这方面的著述已经非常多了，包括赫希（E. D. Hirsch）和其他人的作品，各种各样的政府及相关方面都已经表现出了他们在这方面的努力，而每一种努力都招致了反对的声音。正如我之前写到的，对美国教育最激烈的反对就是引入了“基础课程标准（Common Core Standard）”，设置文学、数学和科学等基础课程。根据这个标准中的等级结构，他们的目的是，让“学生通过基础教育系统获得应有的知识和技能，能够在高中毕业时为入门级职业、大学课程和职业培训项目做好准备”，同时也成为“美国各州，乃至全球各国的最高和最有效的标准”。

不管他们的初衷多么美好，“基础课程标准”最终都将美国分裂成了政策制定者、教师和家长，而且在各州提出反对之后，也造成了州内社区间的分裂，这就是联邦掌控教育后的过犹不及。

我要达到的目的很简单，同时也很重要。我们应该将课表视为一个整体，就是要实现我开篇说的四种教育目标，并探寻什么样的课表才是恰当的，仅仅这样便已足够。从教育发源到如今课程经历的根本性变革，这些话题都还在继续。

在古罗马，教育是建立在 7 种人文科学或自然科学上的，包括语法（语言的形式结构）、修辞学（言论组成和呈现）、辩证法（形式逻辑）、算术、几何、音乐和天文学。这种课程设计的理念直到中世纪还在主导着欧洲教育。

在 15 世纪、16 世纪的文艺复兴时期，一些学校引入了新的科目，包括拼写和戏剧，还讨论了更实用的讲授和学习方法。一些学校也开始教授音乐、舞蹈、绘画和体育。到了 18 世纪，一些学校的课程中开始包含历史、地理、数学和外语。这样的变化使得他们感受到了来自传统主义者的阻力，因为传统主义者认为，经典的教育就已经足够了。在很大程度上，传统的课程一直到 19 世纪中叶都在欧洲占据着主导地位。

社会层面的巨大变化重新塑造了学校的课程：科学和技术持续增长的影响力改变了整个学术氛围；工业化的广泛传播改变了经济格局；新兴科学心理学提出了许多关于智力和学习的新理论。这些都严重挑战了本被广泛接受的经典教育。

随着大众教育的发展，一种新型课程开始展现雏形，而这些课程直到今天也主导着教育领域。这种新型课程需要从结构、内容、模式和取向等四个角度来思考。

结构 结构指的是整个课程是如何构成的，课程中的不同元素之间的关系又是怎样的。全国性的课程设计往往是围绕着不同的学科组建起来的，比如数学、科学、历史等。这样的课程中往往能看到不同的学科被赋予了同样的等级，特别是在高中。通过这个等级，你可以看出你应该在这个学科上花费多少时间和精力，这个学科是必修还是选修，或者这个学科的内容会不会被正式地测验评估。

学科的等级中，最高层级的是数学、语言和科学；次高等级是人文科学，包括历史和地理，有时还包括社会研究和宗教；最底层的学科是艺术类和体育类。艺术类常常指的是音乐和视觉艺术，而在开设有戏剧这门课的学校里，戏剧的层级又稍稍低于前面两类。至于舞蹈，大多数教学系统中开设这门课的学校寥寥无几，层级更是在戏剧之后了。

内容 内容指的是学生学习的内容。因为现行教育体系对于学术教育的过度关注，所以今天的内容就更强调理论和分析，而不是实践和操作，即职业发展性的技能。

模式 模式指的是学生如何参与到课程中来：是基于课堂学习还是基于项目学习，是个体学习还是集体学习。在大多数系统中，课程的模式是基于课堂的学业任务，并且是基于集体的，而不是基于个体的活动。

取向 取向指的是学校的整体氛围和特点，是课程体系传递的关于优先级和价值观的隐形信息。关于教育的这些方面有时会被称为“隐性课程”。标准化运动最主要的特质是：学校在某种程度上像越野赛跑，这种赛跑的目的在于越过那些固定的考试和测验“障碍”，在这个过程中，会有赢家也会有输家。正如我们看到的那样，许多学生觉得学校非常无聊，或者非常令人焦虑，是一个需要忍受而不是享受的过程。学校应该设置哪些课程呢？为了回答这个问题，我们需要将教育的 4 个基本目标，也就是我在第 1 章概述的经济、社会、文化、个人的基本目标牢记心中。

8C核心竞争力，你具备吗

常规的课程设计建立在不同科目的集合之上。这些科目当然非常重要，但这也是一个问题。正确的出发点应该是了解学生应该学习什么，教学的理想效果是什么。这个问题从能力角度对课程进行了很多改造。我认为这是一个非常好的想法。照我看来，如果学校真的想帮助学生获得成功，那么教育的 4 个基本目标就会引出 8 种核心竞争力。这些竞争力中，每一个都与 4 个基本目标相关。你会看到这些竞争力都由英文字母 C 开头，这除了更好记以外，并无其他寓意。

好奇心（curiosity）

人类在每一个领域的重大成就都是由探索、检验和尝试的欲望驱动的，想要探究发生了什么、质问如何运转、思考为什么，以及其他情况会怎样的疑问创造了这些成就。

年幼的儿童对于任何吸引他们注意力的事情，都会有强烈的探索兴趣。当他们的好奇心参与其中时，他们会自己去学习，和别的儿童一起相互合作，从任何他们能接触到的资源中学习。**知道如何培育和引导学生的好奇心是所有优秀教师的天赋。**他们通过鼓励学生自己研究学习，通过向学生提出问题，而不只是给出答案，通过给学生创造挑战机会，让他们看得更远，并帮助学生更加深入地思考。

对我们有些人来说，对某件事的好奇心可能只能持续很短的时间，也很容易被满足。但对其他人来说，好奇心可能会是持续一生的热情，他们会将这种热情投注到自己的生活和职业中。许多例子都表明，**持续一生的好奇心是学校可以给予学生最棒的礼物。**

创造力（creativity）

作为个体，我们能通过形成自己的观点，做出自己的选择，发现和追求自己的天赋和热情，从而创造自己的人生。**让年轻人形成自己的创造力对实践教育的四种目标来说非常重要，而保持创造力是人类所有文化进程中最核心的内容。**讽刺的是，我们的想象力可能也会导致人类的毁灭。作为一个物种，我们面对的许多挑战也是人类创造力的产物：不同文化之间的冲突以及我们对自然环境的群体滥用。从这个角度来说，狐猴或海豚并不是因为缺乏想象力才陷入气候环境危机中的，这一切都是因为我们，因为有着丰富想象力的人类。

解决这个问题的方法并不是去压抑我们的创造力，而是带着更重要的使命去发挥我们的想象力。随着需要应对的挑战变得日益困难和复杂，学校帮助所有学生发展出创造性想法和独特行为能力就愈发重要。

批判性（criticism）

清晰地思考和逻辑地考量每个论据，理性地权衡每个证据是人类智慧的一个标志。批判性思维不只包括形式逻辑，还涉及解释的背后意图，理清来龙去脉，了解隐藏的价值观和感情，了解动机，探测偏见，并通过最正确的方式来呈现简单明了的结论。所有这些都需要不断的练习和指导。

批判性思维对人类以往的繁荣至关重要，在当代的重要性也毫不逊色。我们现在会受到来自各方信息、观点和想法的轰炸，它们全都吸引着我们的注意力。互联网就是人类发明的最大信息源，近来还呈现出指数级的增长趋势。而伴随其一同增长的，还有混乱和困惑。

教育领域的数字化革命给所有年轻人带来了巨大的益处。与此同时，他们也空前地需要辨别事实与观点、知识与废话、诚实与欺骗的能力。很显然，批判性思维应当处于学校教学原则的核心。而且，他们在校外也需要培养这样的习惯。

沟通（communication）

在阅读、写作和运算方面有出色的表现，被认为是教育中很重要的事情，这的确很重要。但清晰且自信的演讲也同样重要，这也被称之为口语能力。目前学生的口语能力发展状况很糟糕，因为它被学校错误地忽视了。

口语交流不仅是字面上的意思，它还与使用比喻、类比、暗示和其他诗意的文学语言形式有关。交流不仅仅是词语和数字。有些人觉得自己完全不能用常用的方式来交流，对于这些人，我们也可以考虑声音、图像、动作和姿势，这还能提高我们在音乐、视觉艺术、舞蹈和戏剧等方面的能力，而这些方式也许天生就流淌在我们的语言里。通过多种方式来构建、交流想法和感觉是一种能力，而这对于个人幸福感和集体成就都是至关重要的。

合作性（collaboration）

人类是社交生物，我们是在他人的陪伴下生活和学习的。在学校外，与他人一起工作的能力对于社区的发展和应对共同面临的挑战非常重要。但在很多学校，年轻人很大程度上是独自工作的，他们“在”一个团队里学习，但并没有“作为”一个团队一起学习。让年轻人一起工作可以提高他们的自尊心，刺激他们的好奇心，提升个人成就，培育亲社会行为。通过团体协作，他们可以学习与他人一起合作，解决问题和树立共同目标，每个人都能扬长避短且分享和提出想法。他们还可以学习谈判、化解冲突和支持别人的解决方案。

通过在学校的合作，年轻人可以逐渐理解海伦·凯勒的座右铭：“分则弱小，合则强大。”

同理心（compassion）

同理心是正确识别他人的情绪，特别是理解他人痛苦情绪的能力。同理心来源于共情。当我们识别到他人的情绪，并假定在同样的情况下，自己会有怎样的感受时，共情就产生了。同理心又不只是共情，它可以用“对待他人，就像你期待他人会那样对待你一样”这个黄金法则来生动表达，这也是共情的具体操作方法。

当前青少年面对的许多问题都根源于缺乏同理心。暴力欺凌、情感虐待、社交孤立和基于种族、文化、性别的偏见，都是由共情失败造成的。在更广阔的成人世界，文化冲突和有害的社会分裂也是由这些失败点燃并煽风助力的。

随着世界变得越来越相互依赖，同理心已不仅是道德律令，而是有实际需要的，是精神所需。**培养同理心是共通的人性，是自己与他人幸福的最深层来源。在学校是这样，在别的地方也同样如此。同理心是需要练习而不是被说教的。**

沉着（composure）

我们活在两个世界：一个是内心的主观世界，一个是周围的客观世界。标准化的课程里全是外部世界，这对于年轻人理解自己的主观世界没有什么帮助。但是，我们对周围世界的应对方式深受我们看待和感受自我的方式的影响。正如作家阿娜伊斯·宁（Anaïs Nin）曾经说过：“**我不是通过世界，而是通过自我来看待这个世界的。**”

如今，许多年轻人在学校备受压力、焦虑和抑郁的困扰。对于一部分人来说，这些困扰是学校本身造成的。而对于另一部分人来说，则是由他们在校园外的生活造成的。在所有的例子中，这些感受可能会变成无聊、疏离、愤怒，甚至更糟的东西。学校可以通过改变自身文化来缓和这些情绪，而这也是我们之前讨论过的内容。学校可以给学生提供时间和技术，通过每天的正念或冥想练习，让学生去探索自己的内在世界。有越来越多的学校正在这样做，正感受着定期的正念和沉着练习给学生和教职人员带来的益处。

公民性（citizenship）

民主社会依赖于有知识的公民积极地参与管理和引导。为了实现这个目的，对于年轻人来说，在离开学校的时候他们应该知道社会是如何运转的，特别是法律、经济和政治系统的运转方式，以及这些系统将会如何影响他们，这非常重要。

活跃的公民能够意识到自己的权利和责任，知晓社会和政治系统的运转规律，关心他人的福利；能够清楚地表达自己的观点和论据，对这个世界产生影响力，活跃自己的社区；还能够对自己的行为负责。

公民身份教育并不是弘扬一致性和现状的学说，而是提倡权利平等、价值观多元化，以及个人自由和与人和平共处的平衡。

公民素养需要学习和不断练习，也同样需要不断更新。这可能就是约翰·杜威在说这句话的时候脑海中所想到的："民主在每一代都需要获得重生，而教育就是它的催产师。"因此，学校对公民性的教育不仅限于书面概念就变得非常重要。对于每一个技能，学校都需要具体说明这些是如何运用的。

这些能力并不是在学生时代的不同阶段相继形成的。它们需要从教育一开始时就渗透，而且在学生的一生中随着自信和复杂性的增强，得到不断练习和淬炼。当学生离开学校的时候，他们如果在以上 8 个方面都具备了自信，就意味着他们做好了准备，能够面对未来生活中各种无法回避的经济、文化、社会和个人挑战。

课程架构均衡化

正如我在第 4 章中提到的，人类的智力包括但绝不限于学术能力。鉴于前面提出的各种原因，我发现学校课程表所基于的传统学科概念太局限了。“学科”也表明了知识的不同领域，界限清晰且不可逾越。在实际情况中，各种各样的知识都在进化。在学校之外，不同学科之间也在不断融合、重叠。这是另一个问题。

从这个意义上来说，没有真正所谓的学术学科，只有不同的认识事物的学术方法。学术工作是一种分析模式，可以运用到各种事情当中，如外语或原子物理，诗歌或地理。学校发展到今天，也对学习的模式给予了足够的重视，然而学科概念并非完全的学术概念，也不是全如我们想象的那样。

在规划课程表时，我们更喜欢“科目（discipline）”这个概念。科目是概念、技能、理论和实践的混合物。以数学为例，它就是概念、方法、过程和命题的结合。学生不仅要学习关于数学的知识，还要学习如何运用数学。同样的道理也适用于音乐、艺术、地理、物理、戏剧、舞蹈等。

以科目的方式去设计课表也会开启跨学科活动，就像高科技高中那样。在这些跨学科的活动中，学生可以合作，从不同的角度探讨问题和想法，从不同的科目中学习概念和技能。在学校之外的世界里，无数的事情都是跨学科的。那么课程中应该包含哪些科目呢？

在我看来，一个均衡的课程体系需要给予如下学科同等的地位和资源：艺术、人文、语文、数学、体育和科学。以上每个都涉及智力、社会知识和个人成长的重要方面。**学科的平衡不仅能让所有学生拥有共同的学习框架，也可**

以让学校适应学生的个体优势和兴趣。

艺术 艺术关乎人类体验的质量。通过音乐、舞蹈、视觉艺术、戏剧等，人们能够具象化表现自己的情绪和想法，以及对周围世界的感受。了解和深入学习艺术对于智力发育非常重要。艺术体现了智力的多样化，同时也提供了提升智力的实践方法。艺术处于人类文化最鲜活的表达之中，为了理解其他文化体验，我们需要参与相应的音乐、视觉艺术、舞蹈、口语表达和表演艺术。音乐、图像、诗歌和戏剧是人类最深层才华和激情的呈现，沉浸于其他艺术之中，是我们观察和感受这个世界的最生动的方式。

人文 人文关心的是对人类文化的研究，这里面包含历史、语言研究、哲学、宗教教育和部分地理学与社会学研究。人文学科教育能帮助学生拓宽和加深对周围世界的理解，对这个世界的多样性、复杂性和传统性的理解。人文学科的目标在于，增加我们与其他人共享的认识，包括那些随着时代和文化流逝的内容，同时也有助于我们对自己的时代和文化形成批判意识。

语言 动人的语言也是人类智慧的标志之一。当儿童学习说话时，他们也在学习如何思考、论理和交流，也在学习母语中的文化价值观和思考方式。学校中的语言学习包括口语、拼写和文学理解。口语能力是指能够清晰流利且自信地讲话，拼写是指学习阅读、写作技能和拼写规范，而文学是人文学科中最重要的艺术表达形式之一。对文学艺术方面的学习和练习，可以让学生触碰到人类的洞察力，以及其他生命的情感、时代和传统。

数学 数学是关于数字、大小、质量、空间，以及它们之间相互关系的抽象科学。系统的数学观可以追溯至人类文明的开端，同时也是人类最伟大的成就之一。识数能力本身就非常重要，它也是学习许多其他科目的基础。数学在艺术、日常生活，以及多种科学实践中都占据着非常重要的地位。

体育 人类不是长着腿的大脑，我们是有躯体的生物，我们的心理、情感和身体健康都有着紧密的联系。体育和运动在许多不同的文化传统和日常惯例中都是联系在一起的，它们都与体能游戏有关，并且通过这些集体活动，还能给参与者带来归属感。它们给人提供了一个发展个人和团队技能的重要机会，能够让学生在有控制的环境中分享成功和失败。因此，为了更好地营造一个均衡的教育背景，体育应当在课程体系中扮演与其他科目同等重要的角色。

科学 科学是系统地探索和理解我们周围世界的科目。自然科学包含物理、化学、生物、地球科学和天文学，自然科学更多地关注探索和预测自然现象。社会科学则包括心理学、社会学和经济学，社会科学更多地关注个体和社会的行为模式。科学教育对所有学生的教育来说都非常重要。科学教育鼓励对证据的理解，强调客观分析技能，关注学生对自然世界以及其中的自然法则进行科学理解，可以通过可验证和证伪的知识进行实践和理论探索。科学教育推动了那些塑造现代社会的科学概念与成就增值，也让我们了解了这些概念的伟大与局限。

学科的概念也启发了跨学科研究。跨学科研究也是高科技高中和其他学校课程体系的基础。正是因为这些跨学科研究，学科才得以不断进化。在学校之外，所有学科都是探索的“活水之源”。当然，在学校里也应该如此。人们常常认为，不同的学科在教育中是截然对立的，比如艺术和科学。科学被认为是关于事实、真相和客观的，而艺术则是关于情感、想象和主观的。虽然这些观点有它的道理，但仍旧是错误的。

实际上，艺术和科学在很多方面都有重叠，比如想象力和创造力，这种观点虽然暂未被广泛接受，但对于艺术和科学而言，这些因素都是同样重要的。学习科学要了解已有的科学知识，使用科学方法去验证假设，还要探索科学与其他科目之间的相互影响，比如技术。促进科学进步的伟大发现和理论依赖于深远的想象力，以及实验设计研究方面的实践智慧。

艺术同样也是高度学科化的实践方式，它需要精巧的技术、批判性的判断和对文化的敏感性。人文学科在很多方面也表现出与自然科学和艺术的重叠。人文学科和艺术一样，需要对人类的多维经验感兴趣，还需要像自然科学一样对理论分析、寻找证据和解释结果感兴趣。

课程设计新思维

让学生学习的最佳方法，不是单单让他们坐在教室里学习抽象概念，而且还要让他们主动参与到活动中：要让学习激起学生的兴趣，让他们开始提问，发现新的概念，为自己感到骄傲，对学科感到兴奋。这些方法在之前提到的教学案例中已有体现，从“北极星”到高科技高中。拉里·罗森斯托克评论道：“孩子们从小学的时候就应该这样做：融合各种学科，将逻辑边界模糊化，不断创造，不断努力。其实博士研究也不过如此。学生带着问题来学习，也将带着问题去探索。”

在任何领域，有效的学习都包括不断地尝试和失败，突破性的过程中也总有寻找解决方案的失败与暂时搁浅。这种动态的进程应该是课程的核心内容，也是高科技高中成功的重要因素。“失败是所有过程的重要部分。我们应该这样庆祝失败：‘太棒了！现在我们终于知道这样是行不通的，终于可以将这一条从列表上划掉了，让我们开始尝试另一种方法吧！’从失败中学习是学习过程中非常重要的一部分，但在课程中我们却常常排除掉了这个部分。”

最近对于教学和学习的有趣创新之一，是所谓的设计思维（design thinking）。这是一种目前被用在很多组织和越来越多学校中的方法，它吸纳了专业设计师的创新和分析技巧，采纳了他们提出和解决问题，并形成新的产品和服务的方法。关于这一实践和原则的最佳著述之一，是蒂姆·布朗（Tim Brown）的《IDEO，设计改变一切》[①]（*Change by Design: How Design Thinking Transforms Organization and Inspires Innovation*）。

设计思维和我们在本书中谈到的很多其他学习策略，都表明了学校将学术知识和实际操作的学习割裂开来的错误和危害，这样做也会将那些在实际运用中真正有天赋和热情的学生边缘化。形成具有活力的课程表要触及核心，而非隔靴搔痒。

艾莉森·沃尔夫（Alison Wolf）是伦敦国王学院公共管理系教授，也是《沃尔夫报告》（*The Wolf Report*）的作者。《沃尔夫报告》是她为英国政府做的有关职业教育的综述。沃尔夫发现，在职业教育中将学生培养为成功的奉献者，对社会来说非常有益。但她认为，只有当职业教育受到与学术教育同等的重视，并以不同形式施行之后，职业教育才能实现它的目标。

> 我们要做的就是打破壁垒，要让更多不上学的人走进学校，让更多的人读大学，让更多的人成为教师。不是一次性的装样子，而是成为实实在在的措施，那么你就能在这个系统中为学生创造更大的空间。你要让学生走出教室，尝试各种事情，这样才不会让课程限制住他们，而且，你要让这成为你正式课程中的一部分，成为他们必须做的事情。我觉得

① 本书中文简体字版已由湛庐文化策划，万卷出版公司出版。——编者注

需要把这一点点非标准化的部分加入传统的结构中，让它成为一个可以让学生自己勾选的选项，并保证它本身不会被标准化。

“全景联校”（Big Picture Schools）就是与周围世界建立联系，并取得巨大成功的案例，将学术教育和职业发展融合在一起，可以让学生的参与度和获得的成就都更上一层楼。“全景联校”是由全球超过 100 所学校联合建立的，它由埃利奥特·沃什（Elliot Washor）和查尔斯·莫吉科斯基（Charles Mojkowski）在 1995 年创立，他们二人曾作为教师担任过该项目的校长，还合著了《去学校外学习》（*Leaving to Learn*）一书。全景联校的核心概念也是《去学校外学习》这本书的主要内容：**教育是社群中每个人的责任。**全景联校推崇的这种学习方式只有当教育超越了学校围墙时才有可能发生。学生可以有相当多的弹性时间在志愿者导师的指导下参与社区工作，在真实世界的环境中学习。

“社区必须同时建立学校和街道，”两位创始人说，“把市政厅所有部门都联合起来对中学进行改革，然后建立有学习氛围的社区。只有这样，我们才能恢复中学的地位，并让学生感到他们对于社区是有重要贡献的。”

他们在《去学校外学习》这本书中提到了这一点的重要性：

> 传统的教学过程和评估过程，并不能激发所有学生的最大潜能，因为它们缺少技术和掌控力。为了让学生留在学校，高效地学习直到毕业，学校必须为许多学生提供校园之外的学习机会。所有的学生都会定时、多次，当然也是短暂地离开学校，以便他们能待在学校里坚持学习。为了实现这个目标，学校必须拆掉将学生分割在校内学习和校外学习之间的那面墙，让两种环境和设置下的学习做到无缝衔接。

在书中，两位创始人解释了为什么他们觉得这个非常重要：

> 大多数年轻人会觉得很难将学校利用起来。确实，许多年轻人都觉得校园是一个消极的学习环境。传统学校不光在帮助学生掌握重要的人生技能上做得很失败，它们还提供了一种歪曲的信息，仿佛学习只发生在学校，学习是与真实世界无关的事情，学习是由纪律和上课铃组成的，是由多选题和纸笔测试来评估的。学校用写出来的分数和没写出来的规条，扼杀了年轻人天生对学习的渴望，限制了他们在很多方面的选择，尤其是关于想要发展什么、何时练习、要跟谁学，以及如何学习的各种选择。因此，很多有创意和创业精神的年轻人脱离课堂学习也就不奇怪了，因为他们认识到：如果待在我们塑造的学校中，会使他们与现实世界脱轨。

在过去的20年里，“全景联校”通过个性定制、社会驱动的教学方式，创下了值得赞美的成功纪录。“全景联校”的第一批学校是美国罗得岛州普罗维登斯城区的职业学校和科技中心学校，第一批学生主要是难以融入传统学校环境的非洲裔和拉美裔小孩。这些小孩如果继续待在传统学校里，很有可能会中途退学。对于他们中的大多数家庭来说，高中之后继续接受高等教育简直是种奢望。但4年之后，这些孩子中的96%都顺利毕业了，98%的毕业生都有资格升入高等教育阶段。参加“全景联校”计划的学校拥有92%的毕业率，而全美国高中的平均毕业率只有66%。

这本书的一个基本论调就是：**现实中大多数的教育政策完全是从一个错误的角度来阐述问题的**。埃利奥特·沃什和查尔斯·莫吉科斯基达成了这样的共识：“全景联校”体现的教育原则和方法是解决当前教育困境的基础。

全新思潮

在第 4 章中，我们已经知道了乔·哈里森在“慢节奏教育”中的做法。“慢节奏教育”的一个一流的例子是马修莫斯中学，坐落于利物浦东北方向约 60 公里的罗奇代尔。这个中学的网站首页上就写着“我们不一样”，如果点击这句话，网站上则会显示如下一段声明：

> 让马修莫斯中学与别的学校不一样，是我们的教学宗旨。这看起来很奇怪，因为我们在做大多数学校没做的事情。他们只管教，假设学生自然会跟着学。然而，这个观点已经被多次证明是错误的。任何人回忆起自己在学校的经历就会知道，教师确实教了很多内容，但是大多数内容学生都没有真正掌握。
>
> 在马修莫斯中学，我们把学生置于教学的中心，还调查了怎样才能帮助他们成为一个高效的学习者。高效的学习者会在生活中感到幸福并获得成功，因为他们依靠自己就能适应挑战性的环境，即使在不知所措的情况下，他们也会知道应该做些什么。

马修莫斯中学学习日程的中心，是一个叫作“我的世界”（My World）的项目，该项目每周会展开 4 次双部讨论。“这是以项目为基础的学习方式，”哈里森告诉我，“它聚焦在学习过程上，教师是作为促进者、引导者和教练的身份存在的。教师会站在讲台上讲课，但更多的时候是课堂中的学生在引导这个过程。他们曾做过的一个项目是家族的树状图，也就是家谱图。每个人都要创建自己的家谱图，在这个过程中，会有一个谱系学专家帮助他们，并在他们做家谱图的时候提出意见。

做完家谱图之后，每个人都可以选择图中让他们感兴趣的一个方面继续深入下去。有个孩子对橄榄球非常感兴趣，正在和学生交流的班主任问这个孩子：“显然你很喜欢橄榄球，那你觉得这项运动的意义是什么呢？”这个学生顿了一顿，认真地想了一下说：“当我玩橄榄球的时候，我觉得自己变得非常不一样。”那个时候班主任灵光一闪，随后又开展了一个关于运动心理学的项目，那个项目非常有深度。这种深度是任何标准化课程都不可能提供的，因为你没有机会去了解那么多学生感兴趣的到底是什么。

> 他们希望通过这些项目达到一些有深度的效果。他们会引入外部的代理机构，把这些项目当成认真的工作来对待。有的时候，他们会发现，一个孩子可能需要好几年，才能真正发掘出自己的动力在哪里，但他们还是会继续寻找。当他们找到的时候，对那个孩子来说，这将是一次有真正价值、非常震撼的教育经历。
>
> 所有的这些事情都花了很长时间。学生现在终于开始意识到，这些项目的结果只是副产品，而不是整个教育经历的重点。但这些结果会越来越好，而且会远远超出预期。现在有很多大学愿意以更低的分数录取马修莫斯中学的学生，因为他们知道，这些学生会成为更好的学习者。

生动的民主

还有一些学校会让学生参与更本质层面的事情。1987 年，雅科夫·赫克特（Yaacov Hecht）在以色列以一种空前罕见的模式建立了一所民主学校，学校的每一个与课程有关的决策，都需要通过学生、教师和家长的投票。哈代拉民主学校（Democratic School of Hadera）是世界上第一个以民主型学校自称的组织。如今，世界各地大约有几百所民主学校，其中大约有 100 所位于美国。我在这里简单列举出其中的几所：位于纽约布鲁克林的布鲁克林自由学校（Brooklyn Free School），位于田纳西州萨默敦的农场学校（Farm School），位于威斯康星州韦罗奎的青年自主中学（Youth Initiative High School）。

“我们想告诉大家，如果我们让每个人选择自己的道路，那么每个人都会获得卓越的成就。”赫克特在最近的一个报告中说道，“我们开创性地让学生接受民主教育，是为了让学生自己寻找他们能够取得成功的领域。”

在赫克特写的《民主的教育》（*Democratic Education*）这本书中，他列出了一个民主型学校的基本元素：关于学习领域的选择权：由学生自主选择学习内容和学习方法；民主的自我管理；关注个体的评估标准：不与他人比较，也没有测验与分数；能让儿童从 4 岁学到成年。

杰瑞·明茨（Jerry Mintz）是支持学校民主化进程的积极领导者之一，他成立了非主流教育资源组织（Alternative Education Resource Organization），还是非主流社区学校国家同盟会（National Coalition of Alternative Community Schools）的第一任执行董事，他和赫克特都是民主教育联合学院的创始成员。美国的大多数民主学校都是私立学校，只有很一小部分是公立学校系统中的特许学校，但明茨认为，这些学校可以成为所有公立学校改革的风向标。

> 我认为，公立学校系统改革最好的方式，是建立一个系统外的模型，以加利福尼亚州为例，他们有很多在家接受教育的孩子，所以加州每一个学区都设立了独立学习项目，即在家上学。每个区域都有一个在家上学的项目作为公共教育的一部分，这就是非主流教育影响教育系统的一种方式。

关于人们如何看待学习的这个问题，有两种截然相反的观点。我们认同的是，孩子是天生的学习者，现代脑科学研究的每一个成果也都验证了这种想法；另一种想法认为，孩子天生就是懒惰的，需要外界监督他们去学习，几乎所有地方的学校都在带着这样的想法进行管理。在接受这样的教育七八年之后，这种观点就成了自我证实。如果你强迫孩子学他们不感兴趣的东西七八年，那么要不了多久，就会把孩子天生的学习能力都抹灭掉。

明茨频繁地到处推广民主教育的过程，尽管他已经这样努力了30多年，但仍旧觉得每一次的经历都让他充满能量，备受鼓舞。

我一直被这件事情的能量所震惊着。举例来说，我曾经去过位于长岛的一所岌岌可危的公立学校。这个学校在其他学校放学之后才开始上课，也就是说学校的孩子会在15：30~19：30之间上课。孩子们都觉得自己像是被禁锢了。而在我开始进行民主改革的展示后，那个学校里发生了很多有趣的事情。

最开始的时候，我能从这些孩子的肢体语言中看出，他们对此感到非常怀疑。但是当我们结束的时候，他们开始非常积极地参与其中。有一个小孩提出，他认为他应当被允许在学校戴帽子。一个教师回应说：这听起来是合理的，但这违反了学校的规定。教师还说，如果他真的很想戴帽子，那么可以去找学校的董事会，试着为他们小组改变这条规定。你可以感觉到教师和学生的关系在会谈后发生了变化，因为学生和教师一下子突然站在了同一战线，而不是对立的两边。在我结束这次讲习后，学校决定他们每周都进行这样的会谈，这就变成了一个民主项目。

“在每年的年底，学区会进行常规的预算削减，他们会在整个学区砍掉某些事项。唯一一个反对这项决策的小孩就来自民主项目，因为孩子们一直被允许这样做。”明茨相信，当学生能自主选择他们想要学习什么，当校园是一个冒险和探索而非苛责的环境时，非同寻常的学习就会发生。明茨甚至将他写的一本书取名为《没有作业，玩一整天》(*No Homework and Recess All Day*)。

我基于最纯粹的民主原则管理了一所学校17年。学校的出勤是非强制性的，其中的大多数学生都来自低收入家庭。我们的收入中大概只有1/4来自学费，剩下的部分则来自筹款。那所学校的孩子们需要遵守一项非常严肃的一项规定，即除非表现很好，否则就不能在放学后留在学校。孩子们会为了争取放学后留在学校的权利而努力。只要有一位教工愿意陪同，他们就可以一直待在很晚。

我们还通过了一项规定，即无论在什么情况下，学校都不能停课。学生们知道我住在学校，所以如果他们可以到学校，我们就可以开课。孩子们通过投票成功地取消了一些假日，他们还试图投票取消暑假，并要求我们每周必须去一次学校，直到教师们实在受不了后才没有得以继续。这就是孩子们对学校的感觉。有的人对此表示很难理解，因为他们从骨子里认定，学校是孩子不喜欢的地方。

明茨坚信，民主改革在任何学校环境下都可以很成功，不管学生处于何种年龄段。最近这一点得到了证实，因为一所新泽西的学校请明茨去给学前班的孩子开展了民主项目。

我开车的时候就在想：“哇，这里年龄最大的孩子只有5岁，这能行得通吗？”我确信我必须给他们这个项目安排一些日程，或者其他类似的东西。孩子们坐成了一个圆圈，然后我开始向他们解释，一个民主会谈主要有两件事：一件是你认为在学校存在的问题，另一件就是你认为不错的解决方法。我讲完这些话，很快所有孩子都举起了手。这太令人吃惊了！一个4岁的小女孩说，她听说好像巧克力里面有咖啡因，所以他们不应该在下午吃巧克力。大家对此投票并且通过了。还有另一个小孩，他说如果小孩子得了感冒，那么让他到户外去活动就不太好。孩子们讨论后这个提议也通过了。

当然，这些讨论的本质会随着年龄的增长产生巨大的变化，但是明茨非常坚信民主化在所有不同层次的学校中都能起到作用。“你不能改变州法律，不能改变联邦法律，但你可以改变公立学校。最大的改革之一是，每个教师都能将他们的课堂民主化。大多数学校的问题在于：大多数人不知道如何做这样的事，因为他们的成长过程中从未接触过这样的环境，也没有任何针对这种方法的训练项目。我们针对那些新开办的民主学校有一个在线课程，也适应于一些想要改变现状的学校。”

对于明茨来说，这种变化只会有一个真正的阻碍，那就是“如果你不相信孩子是天生的学习者，那么就不可能让这个变化成为现实”。

课程设计3原则

我在这里说的科目在不同教育阶段的地位都一样，从学前班一直到高中毕业都是如此。这些科目的教学应该考虑学生的年纪和发展水平。从定制化的角度来说，随着学生的成长，那些兴趣逐渐形成和集中的学生应该能够更加注重某些科目，也就是选择和多元化的含义。

如果一个学校想要满足我们列出的4个目标，以及由此引申出的多种竞争力，那么要求课程体系满足如下原则就显得非常重要。

课程体系3原则

/多样性/

课程体系应当有广泛的基础，涵盖我们希望的所有学校教育的内容，并给他们提供机会，去探索发现学生的个体优势和兴趣。

/深刻性/

课程应该给学生提供恰当的选择，这样一来，他们就可以随着自己的兴趣发展延展到一定的深度。

/动态性/

课程的设计应该允许不同年龄的学生和不同学科的教师之间相互合作和影响。课程还应该与更广阔的社区建立联系，并且在过程中改进和完善自身。

一个可以抑制或刺激课程成为动态过程的因素是考试，特别是在外部测验的要求。接下来，就让我们来讨论一下考试。

人类本身并不是标准化的，要让个性化教育起作用，它就必须对我们讨论过的个体差异保持敏感性，这意味着标准化考试要实施得当。

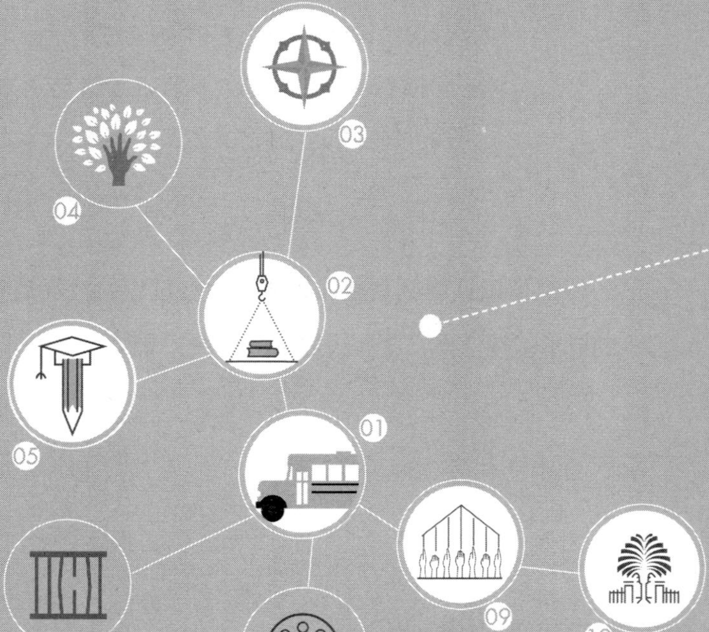

07 考试！考试！

CREATIVE SCHOOLS 丢失的豁免权

我们在这本书里讨论的所有主题中，我相信没有任何一个话题能够像高风险标准化考试那样，引起人们的强烈反应。网络上充斥着大量视频，展示了在讨论到这个主题时教师们的哭诉和家长们的怒气，当然也可能相反。网友的博客里也有大量文字详述了考试带来的压力、焦虑、沮丧和其他伤害。标准化考试的扩散引起了前所未有的反对浪潮，但它依然在美国和全世界其他国家的教育领域持续蔓延扩张。五年级教师郎达·马修斯（Rhonda Matthews）就是其中的一个例子。

“我来告诉你五年级的考试是什么样的，”马修斯说，“我们可以浪费掉一个月的教学时间来准备这个考试。考试一共有6天，考试日分散在两周内。如果不给孩子时间准备考试，不给他们传授考试技巧，对他们来说显然不公平，所以这又会花掉两个礼拜的时间。因为考试，学生学到的东西反而变少了。而据我所知，其他学校浪费在考试上的时间要远远超过一个月。

“标准化考试让我们停止了所有的思考、讨论和团体建设。一旦开始准备考试，我和学生之间就不存在真正的对话了。因为考试会限定时间，我就要对我的学生说：‘不要花太多时间去考虑文章内容，把重点放在回答问题上。’我今年的考试复习也不会集中在文本内容上，事实上，我对学生的阅读和思考能力很有信心。今年的复习重点是阅读速度，以及在压力状态下如何保持效率。”

在乔治·布什 2001 年实施《不让一个孩子掉队法案》之前，联邦政府要求学生在基础教育阶段完成 6 场考试，分别是小学、初中和高中的阅读和数学考试。而现在，为了达到联邦基金会的要求，公立学校的学生必须参加 14 场阅读和数学考试。到了 2014 年，所有的学生都被要求必须达到熟练掌握甚至更高的水平。有些学区甚至觉得这样还不够，仍要求组织更多的考试。没有达到标准的学校将被迫进行大规模裁员，甚至直接关闭，就像我们在第 5 章提到的中学那样。

联邦政府最终允许各州从 2014 年开始使用豁免权，但其中的一个条件，是接受我们将在最后一章中讨论的“基础课程标准”。2014 年 4 月，华盛顿成为第一个失去豁免权的州，因为它没有要求学区在教师评估中使用全州标准测验分数。失去豁免权意味着本州将在如何使用联邦基金上面临更加严格的限制，一个学校的官员对此说道：“我觉得这难免给孩子们带来负面影响。”

那么，问题到底出在了哪里？可能的解决办法是什么呢？

标准化考试的风险

我并不反对所有的标准化。在某些领域，标准化确实带来了巨大的收益。我最近在一个条形码组织的年度会议上发表过讲话。没错，就是那种条形码！

一种由数字和黑线结合构成的小图案，被贴到每一个商品上作为独特标记。

第一个条形码发明于 1948 年，发明者是诺曼·约瑟夫·伍德兰（Norman Joseph Woodland），一位美国机械工程专业的硕士研究生。这个主意的灵感来源于他偶然听到的一个教务主任和一个超市负责人的对话，他们在寻找一个更好的办法来记录超市库存。一天，伍德兰坐在沙滩上思考这个问题时，无意识地在沙子上画着摩尔斯电码的点和横线。他把手指埋在沙子里朝自己的方向移动，在沙子上留下了一些平行的痕迹，然后这个想法就诞生了。

条形码现在已然无处不在，各类机构都可以利用条形码追踪那些贴了标签的产品。它们彻底改革了供应链的管理，促进了食品加工业、进口贸易、制造业、医药业，以及其他无数产业的国际质量标准的制定。它们保证了不管商品产地在哪里，产品都可以满足质量标准。毋庸置疑，条形码的发明极大地提高了我们的生活质量。

在某些领域，设置标准是一件好事，教育领域也一样。但这又会带来两个问题。第一，**人类本身并不是标准化的。要让个性化教育起作用，它就必须对我们讨论过的个体差异保持敏感性，这意味着标准化考试要实施得当**。第二，**只有部分教育领域需要标准化，很多学校最应该支持和最需要发展的领域并不需要标准化**。标准化运动的实施对学校产生了很多影响，而这两个问题在这一过程中也非常引人注目，它造成了灾难性的后果。

标准化考试现在已经成为困扰，而不是提高教育成果的手段。现在，即使是很小的孩子都要花费很多上学时间，坐在课桌后准备考试、进行考试和评讲试卷。“考试现在已经多到了难以置信的程度。”公平考试机构[①]（Fair Test）

① 一个美国教育机构，主张大学录取中应该只将学术能力评估测试作为可选择项目。

的执行主任蒙蒂·尼尔博士如是说，“并不都是州府的要求，很大程度上是因为学区本身。他们采用廉价低质的考试，试图用这些考试来预测孩子们在年末大考中的表现，而那些在考试中表现不好的学生不得不为考试做更多的准备。在大多数大城市里，至少会有 3 次中期检查考试。有些情况下每个月都要考一次，而另外一些情况下，据我们了解会有更多的考试。”

因为头上悬着这些东西，所以教师们的压力无处不在，他们常常会为了考试而教，那些不会考到的东西常常被一带而过。除此之外，由于考试通常是大规模的，所以考试的题型十分有限，通常都以选择题形式呈现，以便用光学扫描仪快速批阅。所有的细微差别和复杂性在这个过程中都被忽略了。这些考试很少考虑，甚至几乎不考虑学生的表现受情境因素影响的可能性。

“这些考试很少去评估那些重要的东西，而且他们测量的方式也非常有限，”蒙蒂说，“考试的要求和考试中得出来的数据基本上已经统治了整个课堂，教师们很难花时间讲解那些对学生来说必须要了解的知识和应该要掌握的技巧，也很难去吸引他们的兴趣和注意。”如果说标准化考试是最本质的责任因素，它用考试来确定课程内容和关注焦点的模式也有逃不开的责任。考试是怎么考的，教师们就怎么照着这个模式教。在极端的情况下，学校教育就等同于考试复习计划。

提高标准化考试成绩的压力使得教师们减少了他们评估教学效果的方式。举个例子，在《不让一个孩子掉队法案》的公平考试报告中，一个教师指出：为了给备考公平测试挤出时间，她不得不减少很多读书报告的作业，而相似的情景在这个国家已经上演无数次了。对标准和标准化最贴切、最有效的批判来自阿尔菲·科恩（Alfie Kohn），他之前是一名教师，现在已经成了一名作家、培训师兼咨询师，他在好多作品和案例研究中都在强调，这种评估方法对教学和学习的质量有着极其负面的影响。

俄勒冈大学的赵勇教授观察到，发达国家在课程内容和教学方式上的标准化尝试，最终会导致他们的学生在三个方面的失败。首先，这种标准化所强调的技巧，会让欠发达地区的学生以更低的工资占据“优势”。赵勇说：“如果所有的学生都要掌握相同的知识和技巧，那么时间成本低的人会比时间成本高的人更有竞争力。发展中国家有很多贫穷饥饿的人愿意以发达国家劳动力工资的几分之一工作。为了提高全球竞争力，发达国家必须提供完全不一样的东西，也就是那些发展中国家以低成本无法获得的东西。这些东西显然不是某个科目上的高分，或者所谓的基本技巧。”

其次，强调这样的重点，代价就是教师不再教孩子们如何运用他们天生的创造力和商业才能，即那些可以帮助他们抵御未来各种不确定性的才能。在《高风险测试的决议》（*Resolution on High-Stakes Testing*）中也有着类似的观点：“各州和联邦的教学质量考核制度对高风险测试的过度依赖，正在破坏美国公立学校的教学质量和公平性。教师应该努力帮学生积累广泛的学习经验，促进学生的创新创造能力、问题解决能力、合作交流能力，以及批判性思维能力和对学科知识的掌握能力，这些能力才能帮助学生在一个民主的、日益全球化的社会和经济环境中茁壮成长，但是标准化运动阻碍了这种成长。”

最后，学生的“失败”还表现在另一方面。由于考试成绩对于学校能否获取联邦资助，以及对教师评估结果的好坏占有极高的比重，一些学校、地区和州就会用各种方式极力粉饰数据。这也常常意味着，学校会“把注意力放在那些离及格线不远的学生身上，好把他们推上及格线。而反过来，这也意味着那些成绩很差和成绩很好的学生会被忽略”。那些在考试中表现得不好的学生，很可能会被迫退出学校，以避免拉低学校的整体表现。我经常听说有的家长把他们的孩子送去诊断是否有注意力方面的问题，并且要求用药物治疗，因为这个诊断结果可以为他们的孩子在考试时争取延长时间。对于有些人来说，注意力缺陷多动障碍（Attention-deficit hyperactivity disorder，ADHD）竟然成了“救命稻草”。

更大的风险

国家规定的基础教育阶段考试还不是学生和教师的唯一压力，美国学术能力评估测验可能是最让人担心的标准化考试了。过去 90 年的大部分时间里，美国学术能力评估测验是学生通往大学的道路上要清除的唯一障碍，也在美国高中生中引起了极大的焦虑，它甚至催生了年收入 100 亿美元左右的“应试产业”。

还在上学的时候，尼基尔·戈亚尔（Nikhil Goyal）就成了一个教育改革的有力呼吁者，他进行过公共演讲，提出过倡议，还出过自己的书。在高中的时候，戈亚尔一家从一个中产阶级社区搬到了一个中上阶层社区，美国学术能力评估测验引起的压力也随之成为他生活的重心。

“在我的新学校里，为了得到大学的‘入场券’，同学之间的竞争非常激烈，”戈亚尔告诉我，“我注意到孩子们都快被压力压垮了，他们都非常不健康。在我看来，他们基本都是机器人。他们是听话而驯服的，他们的创造力和好奇心在那段时间里近乎枯竭，很多孩子还患上了斯德哥尔摩综合征。事实上，美国一些最得天独厚的孩子，反而是现行教育体系的维护者，因为他们在这样的教育系统中是成功的，他们能得到很高的分数，还能进入哈佛大学、耶鲁大学、普林斯顿大学这样的名校。”

有趣的是，应试产业中的一个主要公司对于这些考试非常不屑一顾。“这些考试根本不能衡量任何有价值的东西，”《普林斯顿评论》（*Princeton Review*）的创办者约翰·卡茨曼（John Katzman）如是说，“对教师和学生来说，这是极度无礼与极度无能的结合。”很多研究也支持卡茨曼的观点，其中很多报告表明，高中的平均绩点比美国学术能力评估测验分数更能预测学生在大学里的成就。

从 1985 年开始，公平考试机构就开始倡导开发那些在种族、性别、阶层和文化方面持中立态度的评估方式，并且在努力减少标准化考试及其对学生和学校系统的影响。“我们理想中的结果，”尼尔对我说，“是完全消除那些高风险的标准化考试，不管是社区学院、大学，还是研究生院的录取。通过标准化考试绝不应该是毕业、升级和跟踪决策的唯一凭据。”

美国教师联盟（American Federation of Teachers）也同意这样的观点。“是时候恢复学校的平衡了，是时候让教和学重新变成教育的重心了。”美国教师联盟的主席兰迪·温加腾（Randi Weingarten）曾经在 2012 年说过这样一段话：“教师们的时间本该用于帮助学生学习如何辩证地分析问题，但是应试取向的教育政策迫使教师们牺牲了那些时间，转而为了考试而上课。”在那年的美国教师联盟国际会议上，该组织发起了这样一个决议，其中一段话是这样的：“我们相信考试是应该为教和学提供帮助的，应该与课程共存，而不是限制课程。而且，考试应该基于合作开发，而不是‘掉书袋’而已。”

美国的大学也开始渐渐理解这件事情，超过 150 所在不同专业名列前茅的大学已经不再强调从美国学术能力评估测验以及其他类似考试中获取的信息，美国大学入学考试（American College Testing），为美国本科的入学条件之一。与此同时，美国学术能力评估测验的创始者大学委员会也认识到了改革的迫切需求，并且已经宣布，该测试全面修改后的版本将于 2016 年发布。

既然标准化考试的反对之声这么强烈，为什么学生依然要参加那么多考试呢？为了理解这一点，我们先来讨论一下所谓的“应试产业”。

高风险与高底线

考试和教育的相关支持产业正在蓬勃发展。2013 年，这个产业仅在美国的总收入就达到了 165 亿美元。这是什么概念呢？ 2013 年，美国国内的电影总票房收入不超过 110 亿美元，同年美国的汽车销售额不超过 140 亿美元，而美国国家橄榄球联赛目前的商业价值是 90 亿美元。

美国应试产业由 4 大巨头统治，分别是培生公司（Pearson）、麦格劳 - 希尔教育测评中心（CTB McGraw-Hill）、河岸出版公司（Riverside Publishing）和美国教育考试服务中心（Education Testing Services，即中国学生熟知的 ETS）。我在写这段文字的时候，培生公司已经在为美国的 18 个州提供测验材料，是美国标准化考试中的“得分王”；麦格劳 - 希尔教育测评中心也跟几个州签订了合同，为他们提供特拉诺瓦 - 加利福尼亚成就测验；河岸公司为其他州提供衣阿华基本技能测验；而美国研究生入学考试就是美国教育考试服务中心提供的服务之一。

这几家公司这几年都遇上了一些小问题。2013 年，麦格劳 - 希尔教育测评中心在给纽约一些高中毕业生评分时遇到了严重的问题，导致这些学生没能准时拿到学位证书。美国教育考试服务中心也暂停了他们在英国的移民语言测试，据说是因为所谓的“系统性舞弊”问题。

还有“菠萝门”事件。有几年时间里，培生公司在一些州的考试中收录了一篇题为《菠萝与野兔》的文章，讲述了一只魔法兔和一颗会说话的菠萝赛跑的故事，最终以菠萝的悲惨结局收尾。学生要根据这篇不知所云的文章回答一些选择题，而选项跟这篇文章的内容一样令人困惑。听说了这篇文章的家长对此感到十分失望，甚至有人创建了一个 Facebook 主页，叫作“这篇文章的寓意是：菠萝没有袖子”，用以影射故事中菠萝的穿着。

“为什么要在州标准化考试的阅读文章中设置这么荒谬的问题呢？它既不能作为现场测试的问题，也不能用于其他目的，”一位纽约的作家家长利奥尼·海姆森（Leonie Haimson）这么问道，“尤其这些考试还具有高风险的特点，纽约市教育部门会根据这场考试的结果来决定哪个学生需要留级，在进度报告中确定学校的等级，并且在不远的将来，它还会被纳入到新的州教师评估系统里面。一个不知所云的故事，和一些显然没有正确答案的题目，在为期 3 天的语文考试（English Language Art）的第一天就打击了学生的自信心，这难道就是他们的目的吗？”

不管这样或那样的考试设计的目的是什么，对于这个产业来说，毋庸置疑的一个功能就是盈利，而且越多越好。而考试规模也是教育商业化产业链上的另一个例子。

商业逻辑下的标准化考试

标准化考试的推动很大程度上受到了国际竞争的影响，正是经济合作与发展组织发布的国际学生评估项目排名表引起了这场国际间的竞争。2012 年，上海学生在阅读、数学和科学素养上都排名第一，在阅读和数学上排进前五名的都是亚洲国家或经济体，科学素养的前四名也是一样，第五名是芬兰，美国、英国、法国等国家都排在了中间。美国近期在这个排行榜上的表现，直接导致了联邦政府推动基础课程州立标准的执行。

经济合作与发展组织的本意是好的，没有人会反对。但问题不是出在它的本意上，而是出在它的影响上。我们经常会听到政客们，特别是西方政客批评他们国家的学生在阅读、数学和科学素养上的世界排名，并利用这些排名为学校制定更加严苛的标准，规定学校系统应该强调什么，如何去强调。

但有趣的是，一些在国际学生评估项目排名表上名列前茅的学校系统的标准化考试次数反而比美国要少。比如在新加坡，学生在 12 岁的时候需要参加一次小学毕业考试，这个考试有一定的风险，它会决定学生将进哪一所初中。而大专学院的录取则根据学生在新加坡剑桥 O 水准或者 N 水准考试中的表现来决定。与此同时，芬兰仅有一次标准化考试，那就是国家大学入学考试，学生需要在高中毕业时参加。

在国际学生评估项目排名靠前的学校系统中，一个值得注意的例外是上海。上海学生参加的标准化考试一直没有改变过。但正如我们已经看到的那样，上海正在考虑不再参加国际学生评估项目排名。越南也正在尝试采取不同的评估形式和教学质量考核制度，以挣脱标准化考试对小学生的紧紧束缚，而更加倚重教师们本身的判断。

国际学生评估项目自身也认识到关于考试的会谈需要更加谨慎，毕竟教育是要与学生以后的生活密切关联的。

安德烈亚斯·施莱克尔（Andreas Schleicher）是经济合作与发展组织教育技能部主任，兼秘书处教育政策特别顾问。“世界经济体不再为你知道的东西买单，谷歌知道所有事情，”他对我说，“现在值钱的是你能利用你知道的东西去做一些事情。如果想要评估一个人是否能够从科学的角度去思考一件事情，或者能否将现实世界的问题转化成数学问题，你很难找到工具去评估，但是这些在当今的世界非常重要。我们可以看到，对于常规认知技能的需求正在快速减少。那些很容易测量也很容易教的技能知识恰恰是很容易通过数字化、自动化的外包途径获取的。”

施莱克尔承认，通过选择题的形式去衡量知识获取存在着固有的缺陷。为了改善评估体系，美国所面临的一个挑战是考试的规模。“我们尝试着减少考试的次数和人数，以提升评估质量。参加考试的学生人数必须合理，这样我们才有可能加入开放性问题，并引入由计算机设计和呈现的评估工具。”

> 我们常常想要平衡考试内容的重要性和考试的可行性。2000 年刚开始的时候，我们设立的考试科目是阅读、数学和科学 3 门。2003 年，我们开始加入社会和情感类的部分。2012 年我们又增加了一个很有意思的创造性问题解决技巧的评估。有人问，为什么我们没有从一开始就这么做，因为那个时候我们没有现在这种基于计算机呈现的评估系统。
>
> 如果你发给学生一张印有问题的试卷，并要求他们根据题目作答，你很难去评估学生的创新能力。创造性的问题解决技巧需要在人与问题相互作用的过程中激发出来，而在这一过程中，问题的性质也一直在变

化。这只能在基于计算机的环境中实现。

在坚定地致力于推动国际学生评估项目等测验的同时，施莱克尔注意到，这种做法也导致了很多灰色地带的诞生。“开放式题目的信度比较低。你需要更多的题目，需要人工评分，并且是多个评分者。你还会遇到评分者信度的问题。人们不喜欢这样做，因为这更加昂贵，也会有更多争议性。但是作为补偿，你能得到更多相关信息。人们回答开放性问题时的陈述与回答多选题时提供的信息会很不一样。”

但世事往往如此，问题的症结不是出在信息的收集上，而是出在了测试的用途上。2014 年 5 月，来自世界各地的大量学者合作发表了一封针对安德烈亚斯·施莱克尔的公开信，要求国际学生评估项目在处理其他事情的同时，考虑提供一个排名表的替代品，并且跳出考试给学生时间去吸收他们已经学到的东西。

“政府、教育部部长和报纸的编辑部都在焦急地等待国际学生评估项目的结果，无数政策报告也将国际学生评估项目的结果作为权威引用，”公开信写道，“它们正在对很多国家的教育实践产生深远的影响。参与国际学生评估项目的一个结果就是，多个国家都在对教育系统进行彻底‘检修’，希望能提高他们的排名。国际学生评估项目成绩的止步不前使很多国家陷入了‘国际学生评估项目恐慌’，他们纷纷宣称，当前的教育系统正在面临危机。群众也呼吁相关官员下台，要求教育部门根据国际学生评估项目的规则进行长远改革。”

在这封信里，联名者们最担心的一点就是，国际学生评估项目的结果会导致国家标准化考试增多。国家可能会为了提高排名而对教育系统做一些短期内有效的调整，却不能真正改善学生处境。

评估在教育中是基础性的。我没有质疑我们对评估的需求，而是在质疑当前的评估形式和它们所造成的伤害。那么什么是评估？评估的目的又是什么呢？

神奇的“学习记录法”

评估就是对学生的成就和进步做出判断。正如我在《让思维自由》一书中提到的那样，评估有两个组成部分：描述和比较。如果你说有人可以在 4 分钟内跑 1.6 公里，或者有人会说法语，这就是在对他们能做什么进行一个中立的描述。如果你说一个人是这个地区最棒的运动员，或者这个人说的法语像当地人一样流利，这些就是评估。两者的区别在于，评估会把个人的表现与其他人作比较，并根据特定的标准给他们评定等级。

评估有几个基本功能。首先是诊断功能，可以帮助教师理解学生的掌握程度和现阶段的发展水平；其次是塑造功能，收集学生的学习和活动信息来帮助他们进步；最后一个功能是总结，是在一个工作项目结束的时候对总体表现做一个评价。

有的评估系统使用字母和分数进行等级评定，这样做的一个问题在于，它们会轻描述而重评价。学生有时得到某个分数，却不了解它意味着什么；教师们有时给出一个分数，却并不确定原因。另一个问题是，总结的过程应该是很复杂的，仅仅一个数字或者一个字母没有办法传递这些庞杂的信息。甚至对于有些结果，用这种方式根本没有办法充分表达。正如埃利奥特·艾斯纳（Eliott Eisner）曾经评价的那样：**“并不是所有重要的东西都是可以衡量的，也不是所有可以衡量的东西都是重要的。”**

提高评估价值的一个方式就是把“描述”和“比较”这两个元素分开。我们可以去评估学生各种形式的表现：出勤率、学习档案、论文写作，以及利用其他媒体平台完成的作业等。学习档案可以利用一些实际例子和来自学生自己及他人的反思性评价，对学生的学习完成情况进行一个详细的描述。

在同伴评估中，学生会自己制定评价标准，并对他人的学习情况进行评价。这些方法在评估创造性工作的时候特别有效。

有些教师在课堂上总是有各种评估方式，但考试方式的扩张挤掉了其他途径的位置。不过，也有一些教师正在努力回归到原有的方式。这个过程充满挑战，但也带来了无穷的好处。乔·鲍尔（Joe Bower）就是其中的一个例子。乔·鲍尔是加拿大阿尔伯塔省的一名科学与艺术语言教师，在教学生涯的第6年，他决定不再使用分数作为自己的首要评估形式。“分数成了学校的首选‘药品’，而我们都像上瘾了一样……分数一开始是教师们的工具，但现在教师成了分数的工具。”

鲍尔发现，对分数的依赖导致他的教学效率更低，也对学生们产生了负面的影响。他指出，当很多学生被问及他们从课堂中得到了什么时，很多人会回答：“我得到了一个A。”所以当学校坚持要求鲍尔在报告卡上给学生打分时，他反而废除了在课堂上给出的所有分数，让学生们自己评估自己的表现，并让他们推荐自己该得的分数，然后再填写在报告卡上。

学生们的意见通常与鲍尔的意见一致，甚至有很多时候学生们会给自己偏低而不是偏高的分数。废除评分制的结果是，学生们身上的压力减轻了，他们得以将重点放在课堂作业和课后作业的内容上，而不是得到的分数上。

评估跟真正的学习一样复杂，当我们尽力降低这种复杂性时，掩盖的东西反而比我们揭露的要多得多。最终，等级评定制度造成了错误的评估，因为评估不应该是一张电子表格，它应该是一场“对话”。我是一个每天都积极评定学生表现的教师，但我在几年前扔掉了我的成绩簿。我们热衷于把学习和人简化成数字，但如果我们想要探寻正确的方式，让学习而不是分数成为学校的重点，我们就应该抛弃这种狂热。

让真实代替符号

既然标准化考试问题多多，反对声甚嚣尘上，那么有什么其他大规模评估会更好一点呢？有时最好的前进方式是回顾历史寻找灵感。

“很多人都不知道加利福尼亚和其他一些地方有一种非常成功的大规模评估模式，它既可以为人们做决策提供必要的数据，也不会抹掉关于学生日常表现的丰富信息。”学习记录法的创始人佩格·塞维森（Peg Syverson）如是说，“《不让一个孩子掉队法案》最让我痛心疾首的地方在于，它破坏了学习记录法的成功实施。”

“学习记录法”最开始是在伦敦发展起来的，由于标准化考试对于有些学生来说没法施行，为了确认这些学生的进度，这种评估方法便应运而生。

伦敦一些低收入地区的学校里有着来自世界各地的学生，教师们可用的教学资源非常少，但这些教师把学生的努力程度也看在眼里。由于这些学生还处在学习英语的基础阶段，标准化考试的结果没有办法体现他们的努力，因此教师们决定找到一种合理的方式，用以捕捉并记录这些学习表现。他们跟迈拉·巴尔斯（Myra Barrs）、希拉里·赫丝特（Hillary Hester），以及一些其他大学的教育研究者展开了合作。他们对利维·维果茨基（Lev Vygotsky，苏联著名发展心理学家）的学习维度框架理论很感兴趣，并将其应用到了学习记录法中。

这个评估方法最关心的是阅读和写作，为了理解学生如何进行读写学习，教师需要学习相关技能。他们开发了一个叫作“第一语言记录”的稳定系统，长达8页，可以用来记录教师们观察到的结果。这一系统会向家长了解孩子最喜欢做什么，也会记录对学生进行的访谈，大致了解学生最初是怎么喜欢上这些事情的。

教师们被这个系统吸引了，家长们也同样如此，因为教师们会努力找出孩子喜欢做的事情。如果他们发现有个孩子喜欢科学，但是不喜欢阅读，就会想出一个创造性的解决办法，比如“你觉得科幻小说怎么样？”。总而言之就是，他们会寻找一些创造性的方法来推动学生母语读写能力的发展。

那些教师确信这种经验性模型是可行的。如果想要研究一个适应性系统中的变化，使用这种模型不失为一个好方法。首先，你要在一开始的时候给整个系统拍下一个“快照”，然后在接下来的一段时间内进行观察，收集工作样本，并进行相关分析。而分析也是大部分档案的崩坏点，因为这种分析往往会半途而废。

分析必须根据一定的原则进行，建立在理论框架的基础上。我们想要知道水是不是可饮用的，就要看青蛙或者别的生命能否在其中生存。维果茨基建立了一个框架，让我们得以以一种多元的方式讨论学生的学习。教师可以跟家长谈论学生学习的内容，可以跟他们说，“他现在可以很自信地去读一些他不熟悉的书了”，或者“他现在正在学习分解生词的技巧”。家长也开始对教师的专业性充满敬意。

> 这个模型在英国开始壮大。教师们为之感到兴奋，因为他们得以在工作中发挥创造性，开始以一种不同的方式看待那些曾被视为问题学生的孩子。他们开始对学生感到好奇：什么可以帮助他们学习？他们在向我展示什么？

这个时候，“加州读写计划”（California Literacy Project）的负责人迈拉·巴尔斯，邀请了“第一语言记录”团队来到加利福尼亚。他们开始一起为基础教育系统设计相似的模型，并将其应用到学校的试点项目中。佩格作为研究助理也帮助他们优化了评估工具。

> 我们抛弃了题目这种形式，转而使用发展量表去做评估。发展量表描述了学生在读写学习不同阶段的典型表现，这些描述建立在对学生真实学习情况的上千小时的观察之上。比如，我们的第一个量表上有这样的内容：当孩子开始在纸上涂鸦，并指着它对你呀呀言语的时候，他就已经准备就绪，可以开始进行读写学习了，因为他们已经认识到了语言和纸上符号之间的联系。这个系统极大地帮助了教师，他们可以据此判断学生正处于哪个阶段，并提供相应的学习资源。

“我们知道接下来还有很多事情要做，我们要努力让这个系统被接受并代替标准化考试，特别是对城中不发达地区的学校来说。我们通过量表给学生展示的是学习的轨迹，而不是让他们感到挫败的东西。”“加州读写计划”和加利福尼亚教育部门的努力让他们见到了加州的首席心理测量师。据佩格说，在观看了学习记录法的演示后，那位心理测量师惊叹道：“你们做的才是真正的评估，而我们现在只有象征性的评估。”

加利福尼亚州接受了学习记录法作为标准化考试的替代品，这也是至今该州唯一承认的替代评估工具。“我们的项目现在遍及加州、纽约和俄亥俄州，教师和家长们都欣喜若狂。教师的工作之细致让家长感到难以置信。而且，这些学习记录都是公开的，家长可以查看学习记录，并且了解教师在孩子学习的过程中都观察到了哪些东西，他们也可以看到分析结果。对于学生们来说，这种新的评估方式也是一次颠覆性的革命，因为老师都忙于从他们的表现中观察他们是否已经掌握了知识。我们取得了圆满成功，但是这一切都被《不让一个孩子掉队法案》给毁了。”

公平考试机构是这样评价学习记录法的：“它是一种有效的评估方法，在评估过程中，学生自己对自己的学习负责，记录自己的学习情况。它也更加有力地将家长纳入了学校系统。”而在《不让一个孩子掉队法案》给学校施加压力要求应用同一个评估标准后，学习记录法的所有努力都白费了。现在佩格是德克萨斯大学的一名教授，她后续又开发了大学版的学习记录法，并取得了相当的成就。

> 我的学生毕业后散布在全国各地，他们都在使用这个方法，大部分是在大学中使用，因为公共教育系统是一个非常固步自封的环境，而且会有很多政治上的考虑。而我也在给那些想要采用这种方法的大学学院提供咨询。

佩格同时也保留了基础教育的版本：“学习记录法现在完全是公开的，每个人都可以从网站上找到并下载。我甚至收到了来自秘鲁的音乐教师的邮件。”

评估即学习

学习记录法告诉我们，用一套公认的标准去大规模评估学生的学习情况完全是有可能的，我们不一定需要求助于标准化考试。

萨姆·杰尔德（Sam Chaltain）是《多面学习：决定教育的50个故事》（*Faces of Learning: 50 Powerful Stories of Defining Moments in Education*）和《我们的学校：在选择的时代寻找共同体》（*Our School: Searching for Community in the Era of Choice*）等书的作者。对杰尔德来说，评估和标准化都不是问题所在，症结在于我们进行评估和标准化的内容对象。

美国选择了标准化评估手段和教学质量考核制，结果遇到了大量的问题。而芬兰选择了标准化教师培训方式，其教学系统却在全世界被称道。“这说明‘标准化’并不是一个负面的词，”杰尔德对我说，“只是要看我们标准化了什么。”

> 传统的评估模式是为了学习去评估，而现在人们口中的评估是21世纪的评估模式，是对学习进行评估。而如果评估纯粹是用来判断学生学习情况的手段，那么我们的终极目标应该是评估即学习。这种评估是实时进行的，人们在这个过程中反思自己的想法，并对自己的学习进度进行诊断。

> 有的学校就是这么做的，在新罕布什尔州就有这样一所伟大的学校，那个学校最值得称道的地方是，每个从那里毕业的学生都拥有17种特定的思维和工作习惯，几乎涵盖了从合作力到领导力，从求知欲到怀疑精神的所有方面。他们发明了一种非常巧妙的行为评估准则，把上述的每一个行为习惯拆分成一个个小技巧。

如果我们看重求知欲和怀疑精神，就必须要思考有哪些“亚习惯”（sub-habits）可以促进这些思维习惯。这所学校认为，对新想法的采纳、对复杂性的包容，以及提问题的能力是通往求知欲和怀疑精神的大门。这个行为评估准则对每一个亚习惯都有不同的描述，我们可以知道新手、入门者和专家分别是什么样的。

不只是教师，学生自己和家长也一直在使用这个评估准则，这就是我所说的“评估即学习”。这所学校的年轻人会不断反思自己处于这个连续体的哪一个阶段上，所以他们能清晰地认识到自己的优势和劣势，也很清楚自己想过怎样的生活，以及为什么想过这样的生活。我还从没有见过其他任何学校的学生能做到这一点。

杰尔德建议，在着手实施课程评估之前，学校首先应该确定他们理想中的毕业生具有什么样的特点。这些毕业生应该了解哪些知识？他们应该如何运用这些知识？这些知识能给他们带来什么？只要学校确定了这些特点，就可以决定如何去评估学生，不仅可以评估学生的学习表现，也可以评估学校的教师和管理者，以及家长是否有效地为孩子的茁壮成长创建了有利的环境。

并不是说每个学校的毕业生都需要掌握这些相同的技能。重要的是，我们应该给学校提供空间，让他们自己反思和解答这些问题，由问题驱动他们提出战略对策和计划。否则，学校默认的重点跟联邦政府想要通过成绩问责制达到的目的就没什么两样。

蒙蒂·尼尔同意这个观点：“档案记录、课题计划和拓展任务都是可用的方法。这并不是说你不能采用简答题和选择题这些题型，而是我们想要孩子学会思考、推理、写作和演讲，学会用多种复杂的方式展示和应用他们学到的知识。为了提高学习效率，建立合理的教学质量考核制度，学校和学区不能完全依赖标准化测试，这种评估工具存在固有的局限性，得到的信息在深度和广度上都不能满足要求。州、学区和学校必须寻求方式去加强课堂评估，从这种方式中得到更加丰富的信息，并将之公之于众。”

预览未来图景

在本章的前半部分，我向你们介绍了乔·鲍尔，一位在他的课上大胆取消分数制的教师。有的学校也开始在更广的层面上做同样的事情。世界上的有些学区正在进行试点计划，准备抛弃分数和字母打分制，不列颠哥伦比亚省的萨里市就是这为数不多的几个学区之一。他们在使用一个叫作“新等级（fresh grade）”的在线档案系统，这些学校的教师会给每个学生的学习成就拍照，并形成孩子学习进度的连续快照，然后分享给孩子和他们的家长。教师跟学生共同决定学生的个人目标和进展标志，以这些目标和标志来定义学生的成功。

“这一运动部分是对雇主们呼吁的回应，他们呼吁学校系统强调创新能力、交流能力等技巧，而不仅仅是强调传统科目知识的掌握，”记者艾琳·米勒（Erin Millar）说，“分数制的‘失宠’正契合了这个渐渐被雇主们接受的认识，即传统的评估方式并不是帮学生发展安身立命所需技巧的最佳方式。在一些全球化和国际化的调查里，雇主们不再抱怨求职者缺乏专业知识或技术，这些都可以很容易用一个分数来衡量，他们需要的是能够批判性地分析，能够交流合作，并能够用创造性的方式思考和解决问题的雇员。”

这个项目在不列颠哥伦比亚省已经施行了一段时间，结果非常鼓舞人心。

尽管有一些家长困惑于一个没有分数的系统到底是如何运行的，但更多的人对这个项目的实时性大为赞赏，他们几乎每天都可以看到学生学习进度的报告。这种实时性的一个好处就是，它给早期干预提供了机会：当孩子遇到困难的时候，家长可以更早地为他们提供帮助，而不是像传统的分数制系统那样，只有在最后看到分数时，才知道孩子遇到了什么困难。同时，教师也为这个项目振奋不已，尽管这意味着他们的工作量增加了。

“教师们花了大量时间与学生坐在一起，一个个地帮他们制定目标，”艾琳对我说，“他们会说这样的话：‘你需要掌握相当的技巧才能评估你自己的学习情况，你也需要掌握这些技巧来评估别人的学习情况。’”

有趣但并不奇怪的是，阻拦这个项目的是传统分数制对他们奏效的那些人。“我从教师那里了解到，反对最激烈的是在旧系统中得高分的学生，因为如果使用新的系统，他们就不能在没有进步的情况下拿到‘A’了。那些习惯了在旧系统中表现优秀的学生都很擅长原来的‘游戏’，他们也知道教师想看到的是什么，但现在对他们来说，‘游戏规则’完全改变了。而排在中段和末尾的孩子对这个项目都反响良好，因为他们突然之间可以自己制定目标了，也能看到自己的进步了。”

这个新的项目并不是没有遇到挑战，比如说，很多大学仍然在尝试搞清楚如何将新评估系统中的学生成绩和以传统方式打出的分数进行比较。但改革还在进行中，特别是对那些相对而言比较小的大学来说，因为他们的规模允许他们考虑这种没有分数的档案，甚至是那些规模更大的大学也正在努力适应。“我相信大家有这样的意愿，”艾琳说，“但是我们首先需要解决很多问题。”

至少这些都是正确的问题，而且和那些最好的问题一样没有唯一的答案。生活也常常是这样，而这也正是真正的教育评估系统应该体现出来的东西。

评估是教和学中不可缺少的一部分。不管从哪种意义上来说，评估都不应该被看作教育的终点，它是整个教育过程中必要的一环，应该与日常的教学过程和课程开发无缝衔接起来。它应该是学校文化必不可少的一部分，维持这种平衡是学校领导的职责之一。

实施评估的 3 项原则

/动机/

有效的评估能够支持学生的学习，激励他们表现得更好。它会提供建设性的反馈，帮助学生了解自己的表现如何，鼓舞他们提升自己的水平。

/成就/

有效的评估能够展示出学生实际掌握的知识和努力的成果。在相同的评估准则下，它也能提供学生与其他人表现的对比结果。这样，学生们就可以对自己的进步和潜能做出判断。

/标准/

有效的评估会设定清晰明确的标准，这些标准能够激发学生的抱负，并在实现抱负的过程中为他们提供必要的指导和实际支持。

伟大的学校在自身与所在的广阔社区的联结上能够持续改进和创新。学校不是孤立的聚集区，而是整个社区的学习中心。

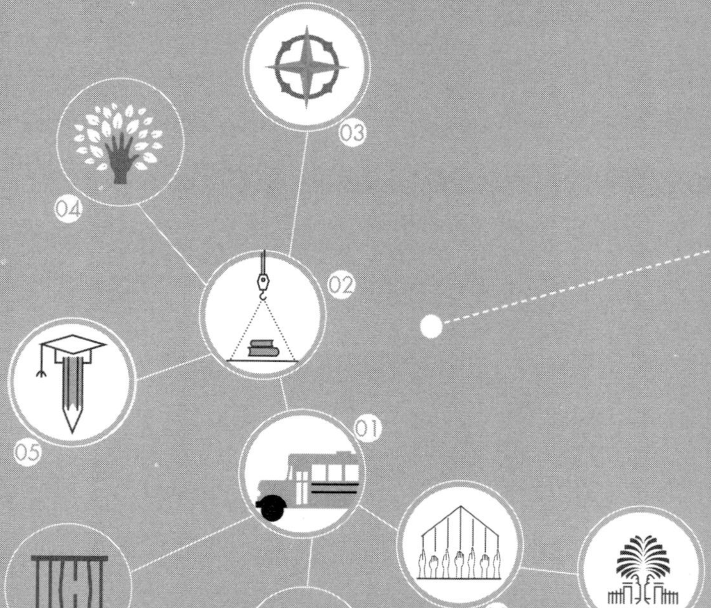

CREATIVE SCHOOLS

08 伟大校长的角色定位

The Grassroots Revolution That's Transforming Education

CREATIVE SCHOOLS | 用艺术点亮孩子

任何伟大学习经验的中心都是两个最基本的角色：学习者和教育者。具体到学校，第三个关键性人物则是学校领导，他必须有眼界、有技巧，能敏锐地理解学生需要，并创造学生能在其中学习的环境。正是这种领导力造就了波士顿艺术学院（Boston Arts Academy）。

由于本地艺术类高中的需要，波士顿地区 6 所专业的艺术学校：伯克利音乐学院、波士顿建筑学院、波士顿音乐学院、爱默生学院、马萨诸塞州艺术与设计学院、波士顿艺术博物馆附设学院等，在 1998 年合并成为波士顿艺术学院。这所学院是波士顿公立学校当中的试点学校，这意味着他们的权限不能超出学区的范围，但在如预算开支、课表制定和教员安排方面有一定的自主权。

作为城中低收入地区的公立学校，波士顿艺术学院必须面对存在高比例贫困学生的挑战。该地的贫困水平非常高：65% 的学生都有资格获得免费或减免的午餐。此外，学校有 1/3 的学生阅读能力低于年级水平，而且往往是远远低于年级水平。然而，这里又有 94% 的高中毕业生进入了大学，远高于国家标准。有趣的是，大多数波士顿艺术学院的毕业生不会继续去读艺术大学，主要是因为他们具备的领导力允许他们打开一个更为广阔的世界的大门。“在我们的毕业生中，最顶尖的人选择了设计和工程，”校长安妮·克拉克（Anne Clark）跟我说，“如果不是以一种跨学科的方式教导他们，他们永远不会理解这样的世界，也不会知道自己拥有这样的优势。”

“对于教育和成功的定义，我们持有一种截然不同的观念。它不仅仅是狭隘地通过标准化考试来定义，还可以通过艺术教育来培养，如毅力、合作、创新、视野和表达。我们发现，许多在来到波士顿艺术学院之前并不成功的学生，通过艺术找到了自己的方式，更好地投入了学习，因为学校不再是令他们讨厌和尴尬的地方。”

然而，波士顿艺术学院是一所公立学校，与马萨诸塞州所有其他的公立学校一样，他们必须要进行标准化考试。对于教职员和管理层来说，这就意味着为了考试而教学。

“如果我们没有帮助学生准备考试，这对他们可能会是一种伤害，”安妮说，“我们总是在准备考试。等他们完成本州要求他们完成的考试后，我们又必须切换方法，帮他们为学术能力评估测试作准备，而这又是另外一种不同的考试了。”

即使面临着高风险测试的威胁，学校也应该为学生提供富有激励性的环境。“学生一般都是从早上 8 点到下午 4 点待在学校。如果学校有什么表演或者是其他特殊活动，他们可以在这里待到很晚。他们花在艺术和学业上的时间各占一半，虽然他们要完成一个完整的学业课程，但我们依然尽可能地通过艺术和跨学科的模式教育他们。我们教授数学、人文、世界语言和科学，每个学生都还会选择一个艺术专业，如音乐（乐器或声乐）、舞蹈、戏剧或视觉艺术，而他们大多集中于某一个专业，但有时候，尤其是在一年级也有人会花时间去探索其他专业。”

学校的每个学生都是单个个体，而对艺术的热情让他们团结了起来，正是这种激情影响着他们去接近教育的每一个部分。安妮·克拉克在担任学校领导的职位之前是学校的创立教师之一，而学校现在的价值已经远远超出了她的想象。

“孩子们很高兴在这里学习，这对我们所有人来说都意味着很大的不同。我们学院的大部分教师都有艺术背景，也同时教授艺术和学术知识。当我还是一个教师的时候，我所做的事情之一就是教那些最低水平的阅读者阅读，那些 17 岁的年轻人只有三年级的阅读水平。如果让他们每天花 2~3 小时做那些自己擅长的事情，那么一对一辅导他们最怕的科目就容易多了。有学生父母最近对我说：‘这是唯一一所能够从我女儿能做到的，而非从她做不到的地方开始的学校。’学校应该发掘学生的天赋和优势。这所学校改变了大家对学习的态度。”

波士顿艺术学院所做的也正是我在全世界不同学校里所做的：围绕学生的兴趣构建课程，帮助他们在各个领域有更高水平的表现。当然，这所学校还有一些别的好处。因为它是一个以艺术为基础的计划，而艺术家们习惯于接受批评并迅速做出回应，因此学校还更加注重培养学生为离开学校之后面临的挑战做更好的准备。

“创造力和跨学科思维是当前这个世界所需要的。我认为这就是为什么我们的毕业生会如此成功的原因，也是我们从大学学到的东西。我们的孩子都愿意冒险、想象、努力工作、展开合作。他们也能接受批评，这是艺术教育的一个重要部分，有条理的修正、审查和反馈是艺术所固有的。我担心我的孩子在这样的世界上长大：‘这样对吗？好吧，考试成绩会告诉我的。’我们的学生都被引导去给出自己的回答，我们会通过批评和修正来保护他们，而不仅仅是为了达到某些标准，这就是我们所需要的想法。如果你的整个教育经历建立在固定的学习方法和选择题基础上，然后只为等待你的分数，你不会从中学到知识。”

“我们董事会的一位成员是一位高级主管，他说，他出现在这里是因为在招聘的时候，他总是想找个小提琴手。他在寻找一个有艺术背景的人，因为这样的人有创造力和想象力。他们受过相关训练，习惯用新的眼光来解决问题，这就是艺术教育所提供的。”

越来越多的学生希望被波士顿艺术学院而不是其他学院录取。学校每年招收大约120名学生，但是收到的申请超过了500份。学校会仔细审查每一份申请，但在选择学生的时候，有一项条件被完全忽略了。

“我们在国内的艺术学校里是独一无二的，因为我们不在乎学术能力，”安妮说，“我们不看学生以前的绩点、考试成绩或其他任何东西。我们认为，所有人都应该能够接触艺术教育。不会有人说‘你不能学历史，因为你数学成绩太差了’，为什么因为数学成绩差我们就能说你不能学习艺术？但事实上，这正是全国各地正在发生的事情。他们会在录取的时候考察学业记录，他们或许也说不考察，却规定你必须达到几何一级，于是就成了一个无法跨越的障碍。”

“我们通过面试进行选拔。但如果我们只选择那些知道如何正式面试的孩子，不能录取那些可以反映波士顿市真实情况的人，但这恰恰是我们的使命。我们正在寻找反应能力强、值得投资的学生，但也并不一定要接受过正式的技巧训练。我想说的是，我们要找的是天生就应该跳舞的孩子。我们的大多数学生没有接受过正规的培训，因为波士顿的公立学校里没有资源。我们学校有很多不会读谱的音乐家，有很多没有上过美术课的视觉艺术家，因为这些训练都必须从低年级开始。很多在社区跳舞的舞者从未接受过正式的芭蕾训练。我们要寻找的孩子，是那些不一定接受过训练，但一旦有了正式训练的机会就能够蓬勃发展的孩子。”

可以说，安妮所描述的就是一个校长的角色核心：欣赏学生的个性，发掘每一个孩子的潜能，面对不断改变的世界推动学校不断前进。

学校文化的建设者

我知道，许多了不起的学校正在实践着我们目前讨论过的大多数原则，它们共同的特点就是有一位伟大的校长。领导对学校社区的活力和影响不可估量。一位新总统、新首席执行官、新部门主管或新校长带来的变化，可以让每个人的期望发生改变。

领导和管理之间的区别是，领导是愿景，管理是执行，两者都是必不可少的。伟大的领导人可能是伟大的管理者，也可能不是，反之亦然。在不同的背景下，他们将扮演不同的角色。高绩效是被动机和愿望驱使的，而伟大的领导知道如何激发人们的这一面。他们可以给绝望、希冀改变的人带去希望，给迷失的人带去目标。

当然，仅有愿景是不够的，人们需要支持、资源和技能来完成工作。管理的作用就是确保有可用的系统和资源来实现这些愿景。但是，仅靠学校自己的资源是不够的。让我们走出学校，看一下另一个例子。

在最近的一次会议论坛上，我有幸与亚历克斯·弗格森（Alex Ferguson）

合作对谈，他是历史上最成功、最受人敬仰的一个足球教练。弗格森在 26 岁那年开始着手管理曼彻斯特联队，一支在他任职之前几乎没有赢过的球队。在他任职期间，这支球队赢得了 13 个联赛冠军和 5 次英格兰足总杯冠军，他本人也在 20 世纪 90 年代被四度提名为年度教练和十佳教练。弗格森培养了一些当时最著名和最成功的足球运动员，包括大卫·贝克汉姆、克里斯蒂亚诺·罗纳尔多和韦恩·鲁尼。在弗格森任职的最后一个赛季，他率领球队赢得了英超联赛冠军，在荣耀和瞩目中告别了赛场。

曼彻斯特联队是世界上最有价值的体育专营队，根据福布斯统计，其价值约 23.3 亿美元，高出纽约洋基队 26%。也许有人将其归功于俱乐部对巨大财富和资源的成功运营，而不是亚历克斯·弗格森为挖掘球员们最出色的一面所做的卓越贡献。那么，你可以想一想弗格森离开后发生了什么，虽然球员名单基本相同，资源也与弗格森时相同，但新任主教练戴维·莫耶斯不仅没有赢得英超联赛冠军，甚至球队 20 年来第一次未能晋级欧洲冠军联赛。莫耶斯在 2014 年 4 月离职，这距离他 6 年的合同还不满 1 年。

这和学校领导有什么关系呢？还真有关。参加英超联赛的球员都是非常有天赋的。有人会说，与世界上任何一个联赛相比，英超联赛集中的有天赋的球员数量最多。能将曼彻斯特联队这样的常胜团队和其他的成功团队区分开来的，就是球队教练的教学和动机，他们挖掘出了球员身上最出色的一面。否则，我们怎么解释在俱乐部其他条件保持不变，只是将弗格森换成了莫耶斯的情况下，成绩经历了如此大的下滑呢？

领导风格并非只有一种，因为没有任何一种类型的人格一定可以成为一个领导者。有些领导是合作型的，有些则是指挥型的。有些人在行动前就会达成共识，有些人则是在根据情况行事。优秀领导的共同特征是，**他们能让下属感觉到自己正在做正确的事情，他们也有能力做好这些事情**。不同的情况需要不同的领导风格。在战斗中，军事领袖可能没有时间也无意与别人商量。但在任何领域中，最受尊敬的领导人，都是那些真正关心下属的人，他们的同情心是显而易见的，他们不仅会说，也会去做。

在学校里，伟大的校长们明白，自己的工作并不是为了提高考试成绩，而是为学生、教师、家长和教职人员等拥有共同目的人们建立社区。他们也知道，为了达成这个目的，学校的一些惯例是次要的。即使如此，挑战这些惯例也是令人头痛的工作。如果所有的相关者都笃信存在改变的机会，那么成功的可能性就更高。理查德·莱利深深地了解这一点，这在我们之前在第 2 章里讨论的他对格兰治所做的改变中就可以看到。

莱利知道，他不得不缓慢地引进这个理念，否则只能冒着风险与反对派极力抗争。“格兰治镇的发展历程首先是‘格兰治镇’项目这个复制城镇的想法。”它最初是作为一个课外活动引进了格兰治镇，是独立于标准日程和课程之外的，“我们这样做是因为这样感觉更为温和，可以给它提供进化和发展的时间。如果我一蹴而就，并将其展示给家长们，我想有很多人会公开反对。我也不认为教师们在一天之内就能准备好。但最重要的是，我认为学生们还没有准备好，特别是高年级学生。我想让每个人都投入这种方式中，他们不会感到危险，也不会感到陌生。

> 我们应该避免预先定义一个大型的改造，然后把它强加给学校社区。我们必须在社区内营造环境和控制感，让人们不会觉得受到威胁。我们先是将“格兰治镇”作为课外活动去运行，让每个人都能脚踏实地地观

察到发生的事情，直到他们觉得自己已经足够自信，投入其中。

莱利缓慢引进“格兰治镇”的决定戏剧性地大大加快了它的进度。在开始实施这个课后计划的时候，他认为学校需要5年的发展时间，才能逐渐找到更多的接受者，包括家长、学生和教师。莱利的方法对每个人来说都更加容易接受。“大多数学校系统都习惯于自己的管理团队，或者是政府将计划强加给他们。但这里的每个人都很快主动参与进来，因为在这里他们能够享受到自由，这一切都不是被强加到头上的。最后，整个“格兰治镇”项目在6个月内就开始正式运行。”

社区与学校之桥的搭建者

我之前曾经谈到过复杂性适应系统，教育系统和个别学校都是其中的例子。学校可以而且确实做到了适应改变，校长的任务就是帮助学校有意识地做到这一点。

很多管理理论的重点都是让组织变得更加高效，而这本质上也是标准化运动正在做的事情。我们通常假设组织就像一个机械装置，我们可以通过缩减工序、最大限度减少浪费和致力于提高产量来使其更加高效地运行。如果观察一个典型的组织管理图，我们会发现它们很像技术图纸或者线路图，下面就是一个例子（见图8-1）。

这种类型的图片和常常伴随出现的成本、效率和产出等字眼一起，一次次地强化了“组织就是机器”的观点。但糟糕的是，组织并不是机器。这个比喻可能在某些制造业领域是成立的，但在很多其他类型的组织里并不成立，包括学校。关注提高效率、降低成本本身是好的，但是人类组织并不是机器，而更像是有机生物体，每个组织都有自己的文化。

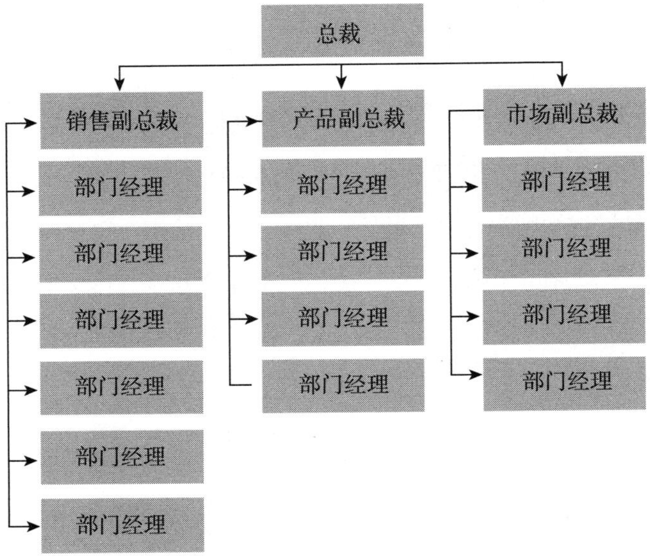

图 8-1 公司结构图

从社会层面上来说，文化意味着一个团体的生活方式：团体的价值观、行为方式和共存准则。从有机体的层面上来说，文化意味着成长和进化。**一所好的学校就是一个充满活力的社区，其中的人们在学习和发展方面是步调一致的，他们能做到哪种程度完全取决于学校的文化。**

想一想我们在《让思维自由》一书中提到的组织文化，我区分了习惯（habits）与栖息地（habitats）这两个词，对学校进行改革，也意味着要着眼于这两者和两者之间的关系。

习惯 为了完成任务，所有机构都会制定路线和程序，这是可以理解的。

社会需要统一行事方式，以完成所有事情。问题是，随着时间的推移，这些程序会固定下来，社会会渐渐脱离一开始的初衷，于是制度就变成了程序。正如温斯顿·丘吉尔曾经说过的那样："我们制定了制度，然后制度反过来塑造了我们。"

学校的很多惯例和程序都不是法律规定的。很多学校之所以以现有的方式运行，是因为它们总是这样，而不是因为它们必须这样。很多我们已经看到的例子都打破了那些妨碍学习的旧习惯。托尼·瓦格纳（Tony Wagner）在他的重要研究《创新者的培养》（*Creating Innovators*）中提出：通过学校文化培养出师生一致的态度和期待，是培育或压抑原创想法和创新者思维习惯的重要因素。

最近一本有关学校文化革新的影响的畅销书《整体的成功：所有丑小鸭都是白天鹅》（*Comprehensive Achievements: All Our Geese Are Swans*）中，讲述了汉普斯特德综合学校长达 20 年的变革故事，最终它变成了伦敦北部最成功的一所学校。这本书记录了在塔姆辛·艾米森（Tamsyn Imison）具有启发的领导下，以及她通过召集一批优秀的教师来进行"通识、综合而创新的教育"，让学生们热爱学习，除了通过考试外，还能发展为一个全面的人，改变了学校文化的故事。

这本书里有来自学生、教师、官员和家长的声音，他们的故事都说明了"如果一所学校管理得当，能拥有一群精选出的忠于自身职业和道德信念的教师，能和他们的学生、家长及更广阔的学校社区保持步调，究竟可以获得什么样的成果。"就像我们描述的很多学校一样，这所学校的转变就是挑战了学校习以为常的习惯，并形成了各种符合具体学校环境需要和利益的集体努力。

栖息地 学校的物理环境不仅会影响师生的感受，也会影响学校的运行。踏进校门的瞬间，你就会对学校产生一种感觉。不管建筑是新的还是旧的，有的学校会给人客观而制度化的感觉，没有人情味，有的学校则让人感觉充满活力，生机勃勃：墙上贴满了学生和教职工的作品；有展出、有表演，还有各种各样的活动。物理环境的色调和特色并不只是为了装饰，它们影响着整个学校的情绪、动机和活力。在《第三类教师》(*The Third Teacher*)中，布鲁斯·茂(Bruce Mau)和一群来自世界各地的建筑师、设计师，仔细观察了学生的学习方法和学习空间之间的紧密关系，发现物理空间体现了学校的哲学，还提供了一系列能改变学校空间的实际设计概念和策略。

不同的活动需要不同的空间和气氛。不同的活动空间也体现着这些活动的重要性。学校的配置也是如此，不同设施的分离也体现了课程中不同学科的分离。如果教室总是被陈设成几排面对黑板的书桌，它会向学生和教师传递一个明确的信息，告诉他们在这个教室里的学习是什么样的。高科技高中的物理空间就被设计成了能促进不同学科之间交流的空间形式，这种学科间的交流正是这所学校的核心哲学。格兰治高中从学校到“格兰治镇”的转变也在这所学校的物理环境重组中得到了体现。还有很多学校也重新设计了它的物理环境，体现了一种不同的、更加创新的课程和学习理念。

学校改革的先行者

我有几年时间在为俄克拉荷马州工作，为他们制订关于开发与创新的综合战略。在这项工作的发展阶段，我与州长及各位议员一起参加了各种会议。我记得其中有一个人曾经提到，为俄克拉荷马州的未来创建一种创新型文化是多么重要。“但我并不确定，”他说，“那些伟大的想法都从哪里来？”我告诉他，它们来自全州各地。每个地方的人们都有自己的想法，但是他们需要得到认可去尝试这些想法，看它们是否有效。如果他们害怕失败、丢脸或者遭到反对，往往就会退缩。但是，如果我们鼓励他们去尝试，人们通常就会去勇敢一试。

文化很大程度上就是一种许可。文化就是关于什么是可接受的、什么是不可接受的，以及谁规定了这些东西。有的时候，大众认可的东西改变起来会非常缓慢，而且只有在回顾历史的时候，我们才能看到这种改变有多大。在我20多岁的时候，英国几乎每个人都在抽烟，我在抽，几乎我认识的每一个人也都在抽。餐厅、酒吧和家里总是笼罩在灰色的烟雾中，这些烟雾依附在所有物体上，我们觉得出去玩就应该是这样的氛围。但是10年后，在室内吸烟则被认为无法接受，吸烟者还会被嘲笑。

在我写这本书的时候，美国已经有很多州接连通过了同性结婚法案。这在最自由宽容的20世纪60年代也是不可想象的，但现在却被广泛接受了，它也应该被接受。认可的底线被刷新了。很多复杂势力相互作用的结果往往就是改变。基于我们讨论过的这些原因，学校也正在改变。改变的速度很大程度上取决于学校负责人的眼界，尤其是校长，取决于他们设定的期望和认可的底线。

教育界最让我印象深刻的一个人在俄克拉荷马州的公立学校当了多年的校长。她在那里以及其后的工作中都向我们展示了一个伟大校长的眼界和领导力，能对改变学校的文化和成绩带来多大的影响。

琼·亨德里克森（Jean Hendrickson）在15年间担任了3所不同小学的校

长，其中一所小学是俄克拉荷马州社会经济阶层最高的学校。“它在一个国家俱乐部的边上，拥有一所公立学校所能拥有的所有优势，”亨德里克森对我说，“学校不能提供的东西，家长和社区也都能提供。但是，即使是在那所学校里，也还是有一些需要更多关注的学生，需要我们用不同方法去做的事情。我们需要保证每个孩子都被当作一个独特个体来对待。”

> 我在那里干了 6 年，我们对教师们的交流方式进行了系统性重组，并把艺术带进了校园。而接着，我被要求接管一个第四代贫民的学校，那所学校有很高比例的拉美裔学生，他们都经历了相当糟糕的 1 年，以至于原来的校长整天以泪洗面，教师们也认为保护自己是自己的本职工作。他们问我，能不能在那所学校里推行我在之前的学校中曾经做过的一些事情。我想了 5 分钟，然后回答“可以”。
>
> 我刚任职的时候，那个学校分成了两个小群体，收入非常低的移民群体和第四代开拓者群体，同时也是非常顽固的白人群体。第一次踏进那个学校的时候，我看到那里到处都是涂鸦，这完全是一个毁灭性的环境。我非常愤怒，我所在镇上的孩子竟然在这样一个地方上学。

亨德里克森在那所学校问了一个尖锐的问题：“你们认为这里的孩子跟我教过的其他孩子一样，值得拥有充分的教育机会吗？”没人说不。“于是我们开始着手做一些我认为任何地方的学校都应该做的事情：建设一个你会想让自己的小孩去上的学校。我们需要有艺术的参与，需要在学校里建一个社区。我们需要一个美丽的地方，让孩子们觉得自己是受尊重的。基本上，你会同时需要所有这些东西。而我为了把那个学校拉出低谷做的第一件事情是：增加双倍的美术和音乐时间。我用了第一条款资金来做这件事。

俄克拉荷马州决定在全国范围内寻找更好的教育模式。他们有几个条件：必须是全学校模式，而不是仅仅针对某个年级或某个科目；必须有一个艺术的组成成分；必须要有研究证明这个模式是有效的。满足这些条件的一个模式是北卡罗来纳州的“A+ 学校”。我曾经是去北卡罗来纳州探索这个教育模式的队伍中的一员。

“A+ 学校”是在教学质量考核制在美国风靡的时候开始在北卡罗来纳州发展起来的。它一开始是基南艺术研究所（Keenan Institute for the Arts）的一个计划，起因是人们问了这样一些问题：“如果我们认真地对待艺术课，学校里会发生什么？如果你通过艺术去展开教学，会对学校产生影响吗？如果有的话，会是什么样的影响？”这些疑问推动了在全州 25 所学校实施的一个试点计划，在他们的见证下，那些学校为这些问题奋斗了 4 年。而如果要宣称自己是“A+ 学校”计划的一员，学校就必须做出 8 个承诺：

- 承诺每个学生每一天都会接触艺术；
- 承诺课程必须是各科目相互联系、资源共享的，并且各个时间段都是规划好的；
- 承诺学习必须是亲身实践的、真实的学习，而不是仅仅完成活页练习题；
- 承诺多样化的学习方式；
- 承诺丰富的评估手段；
- 承诺直接的合作，不仅仅是教师之间的合作，还包括学校和家长之间的合作，学生和教师之间的合作；
- 承诺改变基础设施；
- 承诺创造积极的环境，好让学生享受其中，让教师乐于工作，让家长和社区感觉他们也是学习的一部分。

2001 年，亨德里克森加入到了一个校队中，他们正在进行暑期训练。白天亨德里克森会跟校队成员一起训练，晚上则跟策划者和助理一起讨论这一天的训练情况。作为一个校长，亨德里克森认识到，这就是她整个职业生涯都在寻求的一种模式。2003 年，她受邀成为“A+ 学校”的执行董事。

“A+ 学校”的这个实验和研究表明，促进或阻碍学校的成功和效率的不是学校的类型或者地区，关键是要看几个主要的驱动力，它们可以改变任何一个学校的设置。这些驱动力是：**有领导力的校长，愿意投入到改造中去的全体教员，以及高质量的专业性发展。**

“A+ 学校”的考试分数高于平均水平，所以效果是很好的。除此之外，它们的纪律问题也更少了，移交其他机构的学生也变少了。它们还发现了一个所谓的“快乐因子”，一种基于对学生投入程度的测量。针对教师的观点调查也显示，教师的满意度和自我效能感[①]都提高了。

> 我认为首要的是搞清楚你想要学生做什么，如果你追求的是标准化考试高分之外的东西，是快乐地投入学习、完成任务、提高成就和全面发展的学习机会，是让文化和团体在你的学校里变得明显、独特，并受到重视，那就去寻找一个可以系统地支持这些事情并能与之合作的框架。
>
> 我想我们都希望为所有的学生做到这些事情，难道不是吗？

校内氛围的营造者

在自身与所在的广阔社区的联结上，伟大的学校能够持续改进和创新。

① 指对自己的控制感，一种在专业上更能胜任的感觉。

学校不是孤立的聚集区，而是整个社区的学习中心。我们习惯于将教育过程划分为独立的阶段：小学、中学、社区学院、大学、成人和终生学习。但好的学习常常是跨年龄段发生的，也会发生在不同的机构之内或之间。虽然中小学和大学在学生的生命中是两个独立的阶段，现在却常融合在一起，并且这些阶段之间的界限正在逐步消除，正如马萨诸塞州的克拉克大学。

克拉克大学的校长戴维·安杰尔（David Angel）一直致力于与教职员工和学生共同建立学校与城市生活的桥梁，以使学生适应于毕业之后的生活。在最近的一次访谈中，戴维对我说："我们对自己提出了这样的问题：'如果我们想要让克拉克的毕业生既能够达到传统的人文学科标准，又能够利用他们受到的教育有效地融入到世界中去，并具有一定影响力，我们该如何培养一个年轻人在遇到挫折后重新站起来的能力？''他们怎么去发展创造性解决问题的能力？'如果想要培养学生的这些能力，在真实的情境下可能更加有效。如果把一个学生放到一个项目团队中去，让他们去解决真正的问题，你将看到他能得到更好的发展。"

"自由教育和有效实践"（Liberal Education and Effective Practice，即克拉克大学的就业中心）是一个将跨学科学习与课堂外现实世界结合起来的项目，克拉克大学的校友和一些其他的专业人士将为学生们主持课题研究。自由教育和有效实践远远优于其他传统实习项目，那些传统的实习只能让学生获得一般的职业规划，而它的目标是让学生在项目团队中解决真正的问题，或者达成想要的结果。

一个名为"各种各样的女孩"（All Kinds of Girls）的克拉克学生团队主要围绕周边社区青少年儿童的身份认同和欺凌问题展开工作。该团队致力于彻底解决上述问题，因此他们创建了一个项目，在每周六为超过 50 名女生进行服务。“这不是为了得到一个分数，”戴维说，“这是为了帮助那些 13 岁左右的少女。这项工作可以触动学生的内心和思想。你会看到，当发现所做工作的现实意义时，学生们会对自己的工作充满热情，他们的能力也必然随之发展。”

各类学生项目也参与到了克拉克大学的一些举措中，比如大学公园校区学校（University Park Campus School）。克拉克大学促成了大学公园的成立，希望能以此解决大学周围贫困地区的高中生遇到的困境。这些地区 75% 的学生都享有免费午餐资格，而且在入学的时候学术能力往往落后多年。在得到特别关注后，这所学校的 200 多个学术能力还不到七年级水平的学生，几乎无一例外都考上了大学，几乎所有人都是他们家族中的第一代大学生。大学公园是克拉克大学致力于将学生融入真实世界的场景中，让学生们在毕业前就可以发挥自己的重要作用而做的努力，而克拉克大学的本科生们也确实在大学公园项目中做出了卓越的贡献。

重新构思理想中的克拉克大学毕业生后，戴维校长开始采用一个戏剧性的新课程教学方法。传统上，大学分为大一、大二、大三、大四等阶段，而克拉克则决定根据三个发展阶段来组织大学课程。这三个阶段分别是过渡阶段，指使自己成为大学学术群体的一部分；成长探索阶段，指“打破框架”并发现自己最热衷、最感兴趣的领域；以及融会贯通阶段，指将学到的专业与非专业课程融会贯通，并将之运用到实际工作中。而他们鼓励学生根据自己的进度加入这些阶段。

作为一个大学的领导应该致力于哪些事情呢？戴维在克拉克大学实行的

一系列措施正是这些事情的精炼版本：为了适应学生和社会的需要，对学校进行必要的调整和改造。戴维的这项举措可以说就是这个时代的分水岭。

> 在我看来，教育正在面临一个转折点，我们越来越看重学习的结果，而这也是学生用于评估自身教育经历的基础。对这个国家教育的未来进行更多反思是很必要的。我们将提出这样的问题："就这一点而言，什么样的结果、什么样的教育实践是重要的？"

全美中学校长协会（The National Association of Secondary School Principals, NASSP）对这个问题已经追问了超过30年。在1996年，全国中学校长协会就发表了一篇题为《打破等级：改变美国的教育机构》（*Breaking Ranks: Changing an American Institution*）的报告。在数十年的观察和测试的基础上，该报告确切地提出了一系列建议，用以帮助学校领导为他们的学生和学校做出更好的、更加个性化的改变。

从2007年起，每年全美中学校长协会都会与大都会基金会（MetLife Foundation）一起，基于领导力、个性化、课程、教学和评估等方面，提名一些国内的"取得突破性成就学校"（Breakthrough Schools）。

最近，该组织基于与"取得突破性成就学校"奖相似的标准，创立了一个"打破等级"（Breaking Ranks）框架。它的目的不是为了规范全国学校的行为方式，而是为学校领导提供一个模型，使他们能够根据学校的具体需要，制定个性化项目。全国中学校长协会指向了每个学校领导都必须面对的三个核心领域：

- **协同领导**。创建一个共同的愿景，制订一个可持续的改善计划，确定有意义的员工角色。

- **个性化的校园环境**。消除让学生默默无闻、不被关注的匿名文化，为学生制订个性化的发展计划。
- **通过课程、教学和评估提高学生的表现**。相对于广度知识，优先深度知识，为追踪与分组的方法提供替代方案，把学生的学习材料与现实生活连接起来。

他们同时提供了学校文化不断升级、可持续发展的进程表。这个进程包括 6 个阶段，从收集数据开始，到通过分析计划确定优先级，监督计划实施，以及进行必要的调整等。除此之外，他们还确定了 10 种大多数学校领导需要具备的技能，包括设置教学方向、发展领导能力、树立更有意义的团队意识等。

全国中学校长协会提供的学校改革模式可以应用于整个 K-12 阶段。虽然这种模式不是学校发展的唯一途径，但是自全国中学校长协会第一次发表报告以来的 20 年间，它还是在越来越多的学校中得到了运用。

在第 2 章中，我描述了有机农业的四个一般原则：健康、生态、公平和关注，并将之代入教育中。在农业培植中，我们的关注点并不单单是农业产出，还有作物自然、可持续生长所需要的土壤和环境质量。在教育中，自然、可持续的学习则依赖于学校的文化和学习环境的质量。提供一片富有生机的教育土壤，是一个校长必备的能力。

我们之前看过一张基于机械原理的组织架构图。这样的图只展示了公司的层次结构，从中我们基本上看不明白公司到底是怎么运行的。几年前，我与纽约的一个设计公司合作研究有关开发和创新的课题，其中讨论了有机体的比喻。几周后，这个公司开会重新绘制了他们公司的组织架构图，这次他们遵循了有机原理，如下图 8-2 所示。

图 8-2　某公司组织架构图

从下到上，从左到右分别为：客户、财务、人力资源、人力资源、客户销售代表、客户经理、工作室、设计、顾问、收入、高级管理专员、互动、概念、研究、市场、董事长和总裁。

公司的根基是客户，他们是收益的来源；公司的成长依赖于两大部分的交叉“授粉”，分别是运营和创收及其各种组成部分。当这个模式运行良好时，公司就会繁荣发展。但当这个模式不能正常运行时，公司就会出问题。而总裁的作用就是在一定程度上避免公司被董事会赋予过高的期望，并维持一个让人们高效工作、发挥最佳潜能的舒适“气候”。我也不知道旁边的兔子是用来干嘛的。

学校在某些地方跟公司企业很像，但某些地方又不像。那些繁荣发展的学校往往都有其独特的发展动力，一般来讲，工作原理如下：

社区感 学校中的成员都认为自己归属于一个有同理心的社会团体，这个团体会关怀他人的所需所想。组员有强烈的身份认同感，即使走出校门，这个身份也仍然有很强的认同感，不管是在家里还是在与之合作的公司里。

个性化 成员们认为自己是被尊重的个体。每个人都重视自己的才能、兴趣和需要。他们被鼓励去更加深入地了解自己，包括自我价值、愿望以及恐惧和焦虑的事情。每个人都认为自己是一个团体的一部分，他们也永远不会在群体中迷失自我。

可能性 学校为所有成员提供希望和机会，认可其成员各种形式的才能，并以多种多样的方法帮助其成员实现自己的才能。学校提供条件让成员学习所需要的基础知识，超越自己。

学校的文化主要是在课程安排、教学和评估中传达和体现的。在之前的章节中，我已经阐明了它们之间的关键准则。如下表 8-1，它们是以这种方式关联的。

表 8-1　　成长的条件

文化	课程	教育	评估
社区	多样性	激励	动机
个性	深度	自信	成就
潜力	活力	创新	标准

企业的繁荣取决于能否适应环境，这个过程需要源源不断的新想法和不

断尝试新方法的意愿。一个有创造性的领导者不需要有太多的好点子，努力营造一个创新的环境才是最重要的。从这个角度来看，校长的角色绝非“指挥和控制”，而是一个“氛围营造者”。

学校的文化深受大环境的影响。在教育领域，政策制定者的首要任务是给学校创造最好的机会，这一政策在不久之后便要实现了。但前提是我们需要考虑一下学校最重要的伙伴：学生的家庭与家长。

无论是在家还是在学校，让教育变得更加个性化，参与度更高，更有成就感，才是真正重要的东西。相比之下，细心的父母会比包括教师在内的任何人都更了解他们的孩子。家庭参与学校教育至关重要。

CREATIVE SCHOOLS

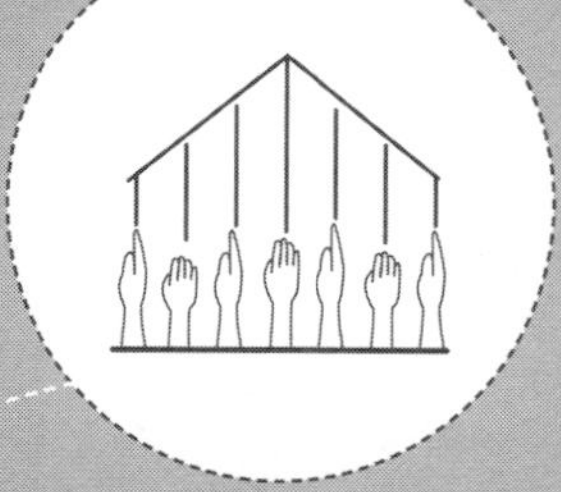

09

让教育回归家庭

The Grassroots Revolution That’s Transforming Education

CREATIVE SCHOOLS 走进课堂的作家爸爸

过去几年中，我一直困惑的一件事是，学校为什么不愿意利用家长和其他社区成员的专业知识来推动教学工作。当我们回顾之前提到过的史蒂夫·里斯和 Minddrive 时会发现，家长的参与会带来深远的影响。所以，多数地区没有让家长发挥更大的作用，甚至回避这些资源的行为是不合理的。

我的搭档卢·阿罗尼卡在处理和孩子就读学校关系的问题上也同样存在困惑。在每学年开始的时候，阿罗尼卡都会告诉他孩子的老师，在写作课程上，他很乐意提供任何力所能及的帮助。阿罗尼卡不仅仅是小说和散文的畅销书作家，也是一位屡获殊荣的编辑。阿罗尼卡在大学时还曾辅修过教育，具有在纽约州内教英文的资格，他并不是要一时兴起自愿做一台业余的“显微外科手术”。然而，年复一年，学校的教职工始终都在拒绝接受他的提议，而不是让他来帮忙做几天教学工作。阿罗尼卡的邻居们也都提到过，当他们试图在自己的专业领域提供帮助时，都有过类似被拒绝的经历。

终于，阿罗尼卡小女儿所在的小学有一年开设了一系列称为“集群”（clusters）的提升课程。他们邀请了阿罗尼卡为一个四五年级的小集群举办了短篇小说研讨会。在阿罗尼卡的小组的孩子反响很热烈。尽管他们是整个学校“集群”项目中唯一被要求做作业的一个，但这个小集群的大部分成员都在5次研讨课程中完成了一篇短篇小说，并且从第一次研讨到最后一次的过程中有了巨大的提升。在阿罗尼卡错过第二次研讨的时候，代替他去主持研讨的学校教师，对学生会有如此高的参与度感到十分惊诧。

而这些并没有让阿罗尼卡感到惊讶，这群学生自愿选择在他的集群里，所以他们会更乐于参与。因为他们对写作都非常感兴趣，相比于让一个普通教师来主持研讨，学生们可能会对阿罗尼卡的作家背景产生更热烈的回应。这就是把社区带进教室的价值所在，是父母把自己奉献给孩子学校的重要性所在。诚然，一位伟大的、受过训练的专职教师是不可替代的，但如果家长或是其他社区成员可以为学校的教学提供补充，那就能达到共赢的局面。

The Grassroots Revolution
That's Transforming Education

孩子对父母意味着什么

很显然，幼儿和青少年在学校外花的时间比在学校里更多，父母和家人对他们在学校的表现有很大的影响。当学校、家长和家庭以正确的方式合作时，参与其中的人就都能获得各种好处，这也适用于所有的社会和经济团体。也就是说，学校和学生间横亘的一大复杂性来源于家庭性质的深刻变化。

通常，这在生物学意义上是有答案的，社会学意义的答案则复杂得多。在美国，现在只有少数孩子和他们的生身父母共同生活在传统的核心家庭里。由于离婚、分居，或是父母起初并不是固定的夫妻，有许多孩子只是和父亲或母亲一方生活在一起，他们的兄弟姐妹则是同母异父或者同父异母的孩子。还有些孩子生活在不止一对父母的混合家庭里。有些孩子则是由兄弟姐妹或其他亲属抚养的，有些甚至是自己养大自己。

有些孩子是通过代孕或是领养，或由同性婚姻家庭抚养的，目前这些孩子的数量很少，但仍在不断上升中。有很多父母每天会工作很多个小时，甚至是同时做很多份工作来确保家庭收支平衡。因此，有很大一批青少年，不管他们的父母情况如何，都被留在家里自己照顾自己。

所以，情况是非常复杂的。从我们的观点来看，**学生的家长是最应该为学生在学校之外的幸福负责的**。有时候，学生的家长是一位或两位生身父母或是养父母，有时候则两者都不是。学校和学生面临的共同挑战之一就是，了解谁才是真正的家长。

在成为父母之前，你很难想象得到作为父母会有多困难。虽然在看到孩子逐渐成长，感受到与孩子的关系逐渐深化时，会获得莫大的满足。但其实有很多父母现在都越来越挣扎于平衡金钱和现实状况，平衡作为父母所涉及的不同角色和情感需求。

同样，孩子也在变化。他们的身体成熟得比以往任何时候都要快。同时也处在多重压力之下，这些压力来自同龄人，来自广阔的文化环境，来自对数字世界和数字媒体的不间断需求，来自无时无刻争夺他们注意力的广告，来自他们的身份，也来自金钱。

如果你是一位父亲或母亲，那么你认为对孩子真正正确的支持是什么呢？虽然这是一个很复杂的问题，但我也可以给出基于研究和经验基础上的一般性建议。要提供真正正确的支持，要先承认，关于怎么教养孩子最好其实是没有普遍意义上的规则的。关于这个主题，学界所著的书籍和文章多得是。但这更多需要根据文化背景和个人经历来看。就比如有些“虎妈”认为坚定方向、严管惩戒是正确的教养方式，而有些则认为引导和促进的方式是最好的。

家长所采取的立场将取决于很多因素。我这里给的每一条建议也同样都出自我自己的背景和倾向。当然，这个领域的其他人也会有他们自己的观点。

关注个体

我经常会和有两个以上孩子的家长打赌，且至今从没输过，今后也不会输。我们打赌的内容是：这些孩子是不是完完全全不同的。因为我知道，所有的孩子都是独特的，他们在某些方面可能会有相似，他们也许会和家中的一些亲属相像。我就是这样，我确定你也是。但在大多数方面，个体都是独特的，有着他们自己的气质、兴趣、天赋和性情。你可以这样帮助你的孩子，将他们当作独特的个体对待，而不是让他们走同样的路，或是在学校按同样的标准被评定。

孩子们在学校有很多挣扎的一个原因就是，他们没有被当作独立的个体对待，他们独有的优势没有被识别或是激发。细心的父母会比包括教师在内的任何人都更了解他们的孩子。作为父母，最基本的责任就是帮助学校对孩子的独特品质和能力有一个更全面的认识。

我们的孩子一直在发送他们未来会成长为什么样的信号。对父母和家长来说，用心注意和观察这些信号是很重要的。在《让天赋自由》那本书里，我们提出了很多案例，案例里的人长大后从事的职业就和他们孩提时的活动密切相关。有时候，孩子真正的天赋就隐藏在平实的表面下，然而父母和学校却都忽视了，就像案例里有孩子不停地玩乐高积木，长大后成了成就显著的建筑学家；着迷涂鸦的孩子成了有名的漫画家；过度活跃的学步孩子成了专业的舞者或体操运动员；安静阅读的孩子成了勤奋的学者。

生活不是线性的

一条标准能适合所有的人，以及生活是一条直线的那些标准式教育观点是有很大风险的。事实上，通往成功的路有很多条，大多数人的生活都没有沿着一条标准的路来走。朝着意外方向的不经意一步，或许就能发现新的兴趣点，或是获得计划外的机会。在学校里，不通过事先认为对学生而言合适的课程来限制他们的未来很重要。你或许会认为，在追寻职业生涯方面，有些课程必定比其他课程更有帮助。但随着世界的不停变化，这可能根本就是不对的。你能做的最好的就是根据第 6 章中我们讨论的竞争力特征，帮助孩子以不同的方式发展，并且识别他们的个人天赋和他们最大的兴趣所在。孩子们会创造并拥有他们自己的生活，就像你已经做到的那样。你不可能一直都这样尽你所能地关心和照顾他们。

你的选择是什么

在这本书的前言中我说过，如果你以任何方式参与到教育中的话，你会有三个选择：你可以在体制中做出改变；可以推动体制的变革；也可以在体制外主动采取措施。同样，父母也有这些选择。当他们和学校合作并改变学校的时候，会带来诸多益处。

无论在怎样的社会经济水平和文化背景下，父母对孩子教育的参与和孩子的“动机及成就”都有着直接的联系。根据《新证据浪潮》(*A New Wave of Evidence*)的报道，当父母“和孩子们谈论学校，期待他们做得更好，帮助他们申请大学，或是确保他们的课外活动有所助益时，他们的孩子会在学校里表现得更好”。

通过与家庭的沟通，学校会对他们培养的学生的兴趣和性格有更深入的了解。当学校、家庭和社区组织共同合作来支持教育的时候，孩子们更可能经常去学校，在学校待得更久，对学校有更多的喜爱，取得更好的成绩，有更高的毕业率和大学入学率。

学校通常会面临许多挑战，包括毒品滥用、霸凌、暴力和纪律问题等，这些挑战会在教室中出现，但并不在教室里发源，而是源于学生们花费最多时间和精力的学校之外。学校理解和处理这些问题的最好方式，就是和学生家庭及社区建立更紧密的联系。

2010 年，芝加哥大学发布了一篇评估芝加哥市区低收入地区小学改进情况的 7 年跟踪研究报告。“研究发现，与家长参与较少的学校相比，家长参与较多的小学，孩子的数学水平提高概率要高出 10 倍，孩子的阅读水平提高的概率高出 4 倍。”

对家长和学校来说，另一个益处是合作。学校和家庭间的合作是促进学校改进的强大动力。就像我们所展示的那样，通过与所属社区进行创造性合作，学校会获得许多丰富的教学和课程机会。而通过与家长建立积极的伙伴关系，倾听家长关于孩子教育的想法和顾虑，学校也可以创建出更好、更成功的学习环境。

根据芝加哥大学的报告，家长 - 社区纽带是确保小学改革成功的五项必备特质之一，另四项是强有力的校领导、有素质的教职工、以学生为中心的学习氛围和强大的课程体系。报告认为，家长和社区组织应该带领学校改善设施和人员配备，积极影响学校课程的设定，提供更多更好的课外活动。同时，如果学生家庭和社区都认为学校的表现不佳，那么学校所在的学区更有可能在政策、实践，以及资源配置上做出积极的转变。

“直升机式”教育

这是一个告诫。虽然有证据十分肯定家长在参与学校教育时所起到的作用，但这里仍有一些事情最好不要混淆。根据美国独立学校协会（National Association of Independent Schools）主席帕特里克·巴西特（Patrick F. Bassett）所说，在教育孩子时，如果父母采取了“直升机式”教育模式，就会造成过度教育。这些父母就像盘旋在孩子上空的直升机，一旦发现困难就俯冲下来发动救援。

巴西特指的是，有些父母对子女幸福的关注甚至延伸到了认为自己有理由去干涉对孩子成长不利的地方，并确保孩子最终成功。他还指出，这些“直升机式”父母中，最危险的一种就是，游说教师因为孩子的成绩进行惩罚，但如果他们的孩子真的受到了惩罚，这些父母就会对教师采取法律行动。

> 学生因为这些过度教育会对家长产生终生依赖：“我不能为自己而战，我无法接受自己不良行为的后果。感谢上帝，还好我的父母会来拯救我。”这也许就是为什么有学校说，有家长试图为他们的孩子注册课程。有些雇主说，有家长试图帮助他们的孩子寻找第一份工作。这也是

为什么越来越多的家长会看到他们已大学毕业的成年孩子为了“省钱”搬回家里住。

印第安纳大学心理学家克里斯·米诺（Chris Meno）也同意巴西特的观点。有太多学生在生活中本该作为一个完全独立的个体的时候，却依赖于他们的父母。米诺选择用自己的方式去帮助这些学生。

米诺承认，“直升机式”父母往往都出于好的立场：真正关心孩子；与孩子保持一种前几代人不接受的“友谊”；有强烈保护孩子远离危险的愿望。但他们很有可能好心办了坏事，对孩子几乎起不到积极作用。

> 当孩子没有空间去独立奋斗的时候，他们就不能很好地学到解决问题的方法。他们对自己的能力不会有足够的信心，这会影响到他们的自尊。而从未独自斗争过带来的另一个问题是，从未经历过失败会产生一种对失败、对让他人失望的强烈恐惧，这种信心不足和对失败的恐惧又会导致抑郁或焦虑。

虽然米诺指的是大学阶段的学生，但下面的范例同样适用于孩子学生生涯的任一阶段。有些家长需要随时都监视孩子在学习什么，为孩子代劳某些工作，即使有证据表明孩子犯了错误，还坚持认为孩子是正确的，这种情况是很糟糕的。如果在家长会议上发言，让学校校董会听到是好事，但是滥用权力让孩子在学校受特殊待遇绝对是害孩子。

学校里的家庭

学校和父母间合作的最好方式是什么？从我们所列出的案例可以知道，

是父母及其他成年人和学校在关键性项目上进行合作。其中有一些是从学校内部发起的，有一些则是从学校外部发起的。所有这些都能帮助重构学校和家庭之间的传统关系。

在《让思维自由》这本书里，我描述了蓝色学校的创新工作和独特氛围，蓝色学校是曼哈顿的一所拥有小学和初中的学校。这所学校由蓝人小组（Blue Man Group）创立，它的目标是“为变化的世界重新设计教育”。这所学校采用的方法主要基于两个问题：“配得上学生人生的教育应该是什么样的？配得上他们所在的这个世界的教育应该是什么样的？”蓝色学校的答案是：培养“充满创新、快乐、热情的学习者，他们能够运用大胆而新颖的思维去建造一个和谐持久的世界”。这所学校的工作基于“一种探索式的教育方法，它能培养创造力，提升学习成绩，培育人际关系，并激发不断增强的学习热情”。

蓝色学校要让孩子们拥有“能够穿透人类生活所有方面的深刻联系的机会。我们的教育方式支持孩子践行人际尊重、合作、具有领导力、善于指导、聆听、自我统合、尊重差异和解决冲突等社交技巧。我们会帮助他们形成在其一生中都受用的人际社交技巧”，以此让学生实现美好人生。

蓝色学校的校长是艾莉森·盖恩斯·佩尔（Alison Gaines Pell）。她说：“如果一所学校在抬高而非贬低孩子们的才华会怎么样呢？如果一所学校的课程表是根据学生的问题和对世界的疑问来设置的，是基于我们创造和实践的人性和天性的话，会怎么样呢？如果我们采用能形成创造力和创新的教育方式，会怎么样呢？如果我们能从那些组织学校的‘惯例’中解脱出来，从麻痹了我们国家探索和行动的标准化考试中解放出来，成为一所培养能在变化的世界中大胆而坚定行动的创新者、艺术家和变革家的学校会怎么样呢？如果我们将教育和每个孩子未来可能走的人生道路相结合会怎么样呢？”

蓝色学校的核心信念是家庭和学校合作培养和教育孩子。父母全年里要都积极参与到学校的工作和发展中来，不是作为学生家长，而是作为学习者本身。家长、学生、教师和职员一起学习，建立关系，作为学校生活的基本结构一起游戏。每一年的家庭事件包括“讨论小组、社区聚会、茶话会或其他更加正式的活动……以此支持学校的任务和愿景，也在活跃的成人圈里建立联系”。

每一年，家长都会被邀请参加圆桌论坛或其他活动，这一举措的目标在于：

- 支持教育目标和蓝色学校的目标；
- 加强家庭和学校之间的联系；
- 帮助家长积极参与到学校社区中来；
- 建立不同家庭之间的紧密联系；
- 让蓝色学校社区的所有成员都能有效地沟通；
- 形成对蓝色学校教育框架的深刻理解。

学校和其伙伴与家长社区之间的紧密联系，并不是公共关系或宣传演习，它们就是这所学校的哲学和自我理解的核心。对于重新塑造教育，重塑他们和家庭期待孩子所居住的世界来说，这也是蓝色学校成功的非常重要的一部分。无独有偶，美国家长教师协会（PTA）是美国规模最大、最古老的，致力于儿童学校教育的组织，包含数百万家庭、教育者和社区成员，该协会发布了一套“家庭 - 学校合作伙伴关系的国家标准”，可以作为家庭和学校帮助学生成功的合作模板。这 6 条标准的具体内容如下：

- 欢迎所有家庭加入学校社区中。家庭是学生学校生活的积极参与者，家庭对学校教职工应该欢迎、重视并相互联系，家庭也应该知道学生在课堂上学习了什么和做了什么。

- 有效沟通。家庭和学校教职工应进行定期、双向、有意义的沟通，以了解学生的学习情况。
- 支持学生的成功。家庭和学校教职工应保持合作，以支持学生在家庭中和学校里的学习和健康发展，并通过定期合作来提升学生的知识水平，以及有效的技能水平。
- 为每位孩子发声。家庭有权利去维护自己及他人孩子的权益，并确保学生被公平对待，拥有支持他们走向成功的学习机会。
- 分享权力。家庭和学校教职工是平等的合作伙伴关系，在影响孩子和家庭的决策上，应相互告知、分享、研究策略、计划和实践。
- 与社区合作。家庭和学校教职工与社区成员合作，以联系学生、家庭和教职工，并增加学习机会、社区服务和公民参与。

美国家长教师协会主席奥索·桑顿（Otha Thornton）说："家庭的参与不仅限于帮助孩子完成家庭作业、参加学校会议、以及与教师对接，还应包括与当地的校董会、州政府、联邦政府交流，以确保学校有所需的足够资源，来为每位学生提供世界一流的教育。"

美国教育部同样加入到了家庭参与的主题中，发布了有着厚重名字的文件：《家庭 - 学校合作构建双重能力的框架》（*The Dual Capacity Building Framework for Family-School Partnerships*）。该文件强调家庭和学校一起协作的重要性，并列举了一系列家长和教育工作者应该一起达成的条件、目标和结果。框架展示了学校和家长间缺乏共同合作能力的无效参与，后又通过 4C，即能力（Capacity）、连接（Connect）、认知（Cognize）和信心（Confidence），转变为共同合作，成为支持学生成长的有效合作。

对于教育工作者来说，该框架为他们提供了一个了解家长智慧和增加家校互动性的机会，创造了一种欢迎家长参与的文化，并且通过引导家长与学校的互动来促进学生的学习。对于家庭来说，“不管他们的种族、教育背景、性别、身体状况或是社会经济地位如何”，该框架都为父母提供了一个可以支持、鼓励和引导孩子的环境，也提供了一个学习的模型。

家庭参与是很重要的，但只有学校让这种参与变得简单时，家庭参与才有可能实现。学校应该积极地让家长经常参与到学习中来，推荐家长参加工作坊，定期组织面谈会议，在教师、家长和社区之间建立值得信任的伙伴关系。

由乔治·卢卡斯教育基金会发起的非营利组织“教育乌托邦”（Edutopia）为教育者提供了10个小建议，可以让他们的学校更吸引父母，同时也为父母参与孩子在学校的互动提供指导。

- **去父母们在的地方。**使用父母们经常光顾的Facebook、Twitter和Pinterest等社交网站，来确保父母消息灵通，鼓励双方的互动。
- **欢迎每一个人。**由于学校社区的许多家庭的母语并不是英语，教育者可以利用技术手段来帮助和他们进行交流。
- **以虚拟方式进行陪伴。**使用网络工具来提供“通向教室的虚拟窗口”。“教育乌托邦”尤其呼吁使用课堂社交网站Edmodo和作业管理工具黑板学习（Blackboard Learn）。
- **使用智能手机，创建智能学校。**“教育乌托邦”倡导使用这些智能设备来促进家庭参与，例如建议使用群发短信和一些能促进沟通的应用软件。
- **使用媒体。**利用现在的媒体或是新发布的教育相关的电影和书籍作为平台，创建一个开放的论坛来讨论学校的教育活动或是教育改革。

- **使阅读成为家庭事务。**举办“读遍美国”“第一本书”“体验团”之类的活动来促使阅读成为整个家庭的事。
- **在家谈话。**把教师－家长的会议颠倒过来，让教师来拜访学生，在家进行谈话。
- **学生领导下的家长会。**允许学生直接参与家长会，介绍他们的学业，展示他们的优势、挑战和目标。
- **让家庭行动起来。**组织一些需要家庭参与的鼓励性的学校活动。
- **建立与家长的伙伴关系。**使用一系列的工具，如开设一个家长读书俱乐部，布置包括家庭访谈在内的作业，来让家长积极参与到学校工作中。

在20世纪90年代末，洛杉矶一所公立学校发起了一项倡议，倡议建立一种全面的方法来改善城市内部的学校。这个倡议的一个关键点是确立了家长参与的重要性。响应这一倡议对市中心的一些学校来讲是一个特别的挑战，因为有许多家长只会说很少的英语，甚至几乎不会说英语，他们经常需要做好几份工作，根本没有时间去参与学校工作或教师会议。

在此基础上，不讲英语的家长们通常会有一种被学校系统边缘化的感觉。实际上他们也被告知，如果不会讲英语的话，他们就没有办法参与到孩子的教育中去。“学校里的家庭”（Families in Schools）组织的目的就是克服所有障碍，把家长、学生和教育工作者引导到共同的目的之下。

奥斯卡·克鲁兹（Oscar Cruz）是“学校里的家庭”组织的主席。他告诉我说：“我理解父母参与到学校中，支持孩子和教育的重要性，我不理解的是，学校在这其中扮演了什么样的角色。父母的参与被完全视为父母自己的责任。父母常常要求获得资源，但他们说的是另一种语言。教职工只会看着这位父母说：‘看，你得先学英语。等你学会英语了我们就可以帮助你。’这就是这些父母面临的一大障碍。对于我们来说，一个父母参与的战略规划前提是应该对教职工进行专业的培训，以确保每一位父母在走向学校时都能感觉到是受欢迎的，是有价值的。

> 一旦你真的开始观察教育界是怎么对待父母的，你就能看到一些根深蒂固的利益关系。工会会支持将家长反馈纳入教师评价的一部分吗？工会会支持家长在地区谈判和合同签订中拥有更大的发言权吗？强大的官僚主义和教育政策在很多时候只会以牺牲学生的成功为代价。

> 我们一直都知道父母参与很重要，问题是，在什么样的条件下，学校需要做出改变来欢迎和支持家长，特别是来自低收入群体的家长？

“学校里的家庭”提出了几种解决方案。第一个是创作一些文化材料，帮助家长学习怎样更有效地和学校沟通。第二个是对学校的教职工进行培训，教他们如何有效地和家长沟通。第三个是在地区层面倡导政策转变，以对前两个方案进行投资。“学校里的家庭”甚至在资金不允许的情况下自费给学校的教职工提供培训。

克鲁兹明白，让更多的家长参与学校教育的唯一方法就是，帮助更多的家长参与到孩子在家的学习中。为此，他们推出了两个项目。一个是“百万字挑战”，在洛杉矶范围内的学校组织一个比赛，以鼓励课外阅读。家长的参与是这个比赛的核心，他们需要帮助孩子创建阅读记录，并签署他们的阅读进程表。另一个项目是“与我一起读”，一个图书馆会给学生提供20包的书，让他们带回家和家人一起读。因为这些书的可读性，学生们的阅读时间平均每天增加了20分钟。

现在有越来越多关于家长参与的讨论，”克鲁兹说，“我们可以在新闻上看到，在州政策上看到。你可以看到家长正在‘控制’学校，并寻求改变，人们得到了更多让他们积极主动的信息。我认为另一个积极影响就是，现在有越来越多的拉丁美洲裔和少数党领袖正在获得权力，他们都对这个问题有很深刻的理解，并正在寻求问题的解决方案。

当学校里有了家长的参与后，家长会有一种更正式的渠道表达自己的声音，”克鲁兹说，“可能会有一个家长教师协会，一个校方委员会，但真正的民主组织的做法是：有一连串的信息供人们做出决策，在组织中有伙伴关系，有共同的理解和尊重，而这些目前都尚未实现。对于父母来说，如果想要成为伙伴，需要得到很好的信息通知，而信息通知就是学校的责任。

奥斯卡·克鲁兹及“学校里的家庭”的其他员工一直致力于改善家长和市中心学校间的动态关系，而他们这么做的理由和我们每个人都息息相关，因为不管你住在哪里，或你有着怎样的社会经济地位，当父母对孩子的教育有了更积极的态度时，孩子也会获得更好的发展。

在家上学：自己教育自己的孩子

家长参与孩子教育的最高水平是在家上学，这在过去几年获得了一些实践。在家上学曾被认为是非主流的，而它现在进入了主流领域。根据美国教育部的统计，在 2011 年至 2012 年期间，有大概 3% 的学龄儿童在家接受教育。关注在家上学，是有一些强有力的理由的。其一是，它解决了一些我们提出的关于孩子个性化教育的问题，避免了对教学标准化考试的依赖，孩子们有了空间可以发现自己真正的兴趣点和热情所在。另一个理由是，有证据表明，在家接受教育的学生和他们的同龄人相比，在学业成就测验和学术能力评估测验上会有更好的表现。

奎因·卡明斯（Quinn Cummings）著的《危险的一年》（*The Year of Learning Dangerously*），是一本关于她女儿艾丽丝在家上学经历的回忆录。她在书中写道：

> 艾丽丝的爸爸和我都知道，我们的女儿比其他的孩子优秀。我们不能再无视她在学校并不是很用功的事实了，当其他人已经用尽全力仍不懈怠的时候，她都没有发挥出她全部的潜力。同时，我也在担心，她的作业负担每一年都会加重，她的自由时间会越来越少，难以去追寻一个突如其来的好奇，深入一个随机的主题，全神贯注于一个没有确定指向的活动，或是在缪斯的指引下进行创造。我很贪婪，我想让她舒展她的思想和自信，也想让她和朋友玩耍、阅读、听音乐，或是度过无地可去、无事可做的、惬意而无聊的漫长下午。

奎因·卡明斯在这里所表达的是在家上学的一个最大优势：它可以让家长在孩子需要帮助的地方进行引导，就像艾丽丝，她就不太会做有余数的除法。同时也让家长给孩子提供了即兴创作和发现的巨大空间。

洛根·拉普兰特应该也会支持这个在家上学的做法。拉普兰特是一名从四年级开始接受在家上学的孩子。他觉得以这种方式接受教育，使得他可以在接受广泛教育的基础上，在特定领域进行自我探索。拉普兰特告诉我说："我很明确地专注于具体的事情……但是我并没有忽略其他事情。我仍旧在学习学校里的每个主题，我只是在以不同的方式去做。我的课程是混搭式的，我会按传统的方式在网上学习数学，也会在我设计实习的过程中学习数学，我会学习在特定年级需要学的所有东西。”

拉普兰特认为，在家接受教育比他朋友接受的传统教育更有价值。“我的朋友们很挣扎，因为他们只是从历史课直接转到数学课，再直接转到科学课或是其他课，他们并没有真正足够深入到课堂中去。他们想进行的是更深入的了解，并把更多的学科整合到一个主题中去，就像我在政府课中所做的那样。在政治课中，我们学习了政府，并从这一主题延伸到了内战的历史和艺术。我们把几个科目整合到了一个主题之下。”

2013 年，拉普兰特在内华达大学做了一个 TEDx 分享。拉普兰特谈到了他把他的教育“黑客”化的过程，他调用自己能支配的各种资源，把自认为最适合的课程放到了一起。拉普兰特在演讲中说，“我充分利用我的社区，我的朋友、家人和网络中的各种机会”，“我利用机会去体验我所学习的东西，我并不害怕寻找捷径，或是通过黑客获得更好、更快的结果”。

有些父母是仅靠他们自己进行家庭教育的，并以在线课程、专业家教和丰富的社区项目作为补充，而拉普兰特接触的是他所在社区更广泛的教师群体，他和其他接受在家上学的孩子的核心群体一起完成了这些。“我们的教师有些是内华达大学雷诺分校的化学教授；有些是会在暑期讲政治课的妈妈；有些学习的专业是文学，所以可以教我们写作。我们这些孩子会聚在一起大约 8 个星期，一个星期上一个或两个班的课。”

在家上学并不是没有争议的。全国教育协会近日加入到了辩论中，他们称，“在家上学的课程设置是根据家长的意愿来的，并不能给学生提供全面的教育经历”。也有人担心在家上学会妨害孩子的社会化。当然这里也存在成本的问题，在家上学一年的花费从几千美元到1万美元不等。最后，还有一个问题就是，父母每天都要花费大量时间和孩子待在一起，这其中所需的父母参与度水平是他们有孩子之前很难想象的。以上这些都是需要重点考虑的问题，但对于越来越多的家长来讲，在家上学还是利大于弊。当然，在家上学确实是家庭参与个性化学习的最高形式。**无论是在家还是在学校，让教育变得更加个性化，参与度更高，更有成就感，才是真正重要的东西。**

当足够多的人行动起来，就会形成一场运动。如果这场运动有足够的能量，就会形成一次改革。在教育领域，这正是我们所需要的。

CREATIVE SCHOOLS

10

改变教育的大环境

The Grassroots Revolution That's Transforming Education

CREATIVE SCHOOLS 变革中的南卡罗来纳

在南卡罗来纳州，根据 2013 年的全国教育进展评估结果，该州四年级和八年级学生在阅读和数学方面熟练的百分比远低于全国平均水平。大约 1/4 的学生不能在 4 年内从高中毕业，而在这些人当中，40% 的人需要额外辅导才能进入大学。这些额外辅导每年要花费这个资金短缺州的 2 100 万美元。公众民意调查显示，南卡罗来纳州有 3/4 的父母与孩子认为，公立学校系统需要做出重大调整，这意味着要先搞清楚在这些社区中过去对于学校形式和运行系统的固有理念。

这些条件对于转型和改革来说非常艰难，但一群专业的教育工作者接受了挑战。2012 年 10 月，他们向州教育委员会提交了一份创新报告，报告中提出了改革面临的问题和挑战，以及州里哪些人可以帮助实现这样的改革与转型。一些州政府领导向他们推荐了一个叫作“新卡罗来纳”（New Carolina）的非盈利组织，主要专注于经济发展。这个团队与“新卡罗来纳”合作，一起推出了“改变南卡”（TransformSC）项目。当我写这篇文章时，项目才刚刚开始，但是它的目标和方法一定会让该州的教育系统向全新的方向前进。

莫里亚·杰克逊（Moryah Jackson）是“新卡罗来纳”组织的教育项目主任，她告诉我，“新卡罗来纳”自身“作为一个连接性的组织并能以无党派的方式把人们团结在一起”，非常值得骄傲。这个项目的第一步是进入社区，了解公众认为要改善本州教育最需要做出的改变。他们有创新档案，但如果他们希望这种大规模改革能持久的话，还必须结合公众的感受。“我对人们的反应感到不知所措，”杰克逊说，“参议员、众议员、市政府官员、父母和教师都很积极。我们觉得这次真的触动了人们的神经，他们真的很关心到底发生了什么，这为我们奠定了非常坚实的基础。”

“我们想告诉人们，一切都会改变的。我们正努力让所有人在短期内达成共识。我们已经让学校管理者确认了21世纪毕业生的特点，商会也认同这样的特征。这一点很重要，因为教育往往和职场是脱节的。”

很明显，通过这些校长会议和讨论，南卡罗来纳州很多人都开始渴望各种具备实用性与合作性的项目，我们这本书已经对这种项目进行了讨论。这些学校会优先考虑技术，偏好基于项目的学习模型，主要发展以前被低估的技能，如解决问题的能力和沟通能力，这也给予了教师更多的自由，又让教师能对结果负责。项目实施者还非常强烈地感觉到需要新的评估方式。“我们知道考察和考试的重要性，但我们需要实时数据，不应该让教师等待年底测评，然后第二年才收到测试结果。他们需要有非认知性的评估。如果我们讨论的是基于项目的学习，又该如何评估领导力，如何评价沟通技巧呢？”

“长期来看，我们希望至少有90%的毕业生能够为职业生涯作好准备，但这并不一定意味着考试成绩会上升。我们真的想在这件事情上做得更好。我们希望我们的教室可以反映现实世界，世界随时都在变化，我们需要确保我们的学生为知识经济的竞争作好了准备。”

“新卡罗来纳”计划的基础是授权校长和教师改善自己学校的成绩文化。

“他们有很强的灵活性，也尝试了很多创新，但他们也需要有人说：‘嘿！没关系，我们在你们身后呢！我们会支持你们的！’在我们的结构中，南卡罗来纳州也有一条非常细微的分界线。每个学区都有当地学校的董事会，学校董事会雇用一个负责人。在州这一层面，政府负责人没有什么权力。如果有任何一个当地社区对负责人不满意，他就该下台了。所以我们告诉人们：这些负责人和教师在做正确的事情，我们应该支持他们。”

随着计划的推出，变革面临的最大的挑战之一是应对人们有关学校和教育根深蒂固的观念，也包括那些认为改革很重要的家长和立法者们。“这是几十年来的第一次，每个人都认同我们需要改变，但氛围是很难改变的。每个人都知道学校通常是什么样子，我们与学校有很强的联系。但当我们开始谈论彻底地重新设计一栋建筑，使它看上去不像一所学校时，我们就在社区中遇到了一些问题。”

许多人惊叹于列克星敦河崖（River Bluffs）中学的奇迹，他们采用了“探险学习”（Expeditionary Learning）课程，不用教科书，也没有储物柜。有些人抱怨说：它看起来像一家星巴克，而不像一所学校。“改变南卡”项目面临的挑战和世界其他地方的改革者所面临的都一样，新思路总要挑战那些长久以来的旧观点。

“改革的一个有力方法就是要改变我们谈论教育的方式。我们努力强调的好的方面，也许反对者会说：‘你知道吗，现状没那么糟糕’，或者‘或许我们可以做到’。我们在谈论我们所做事情的时候特别注意方式方法。我们不会说：‘那所学校失败是因为它太穷了’，而是实际找到成功的贫困学校。”这个项目已经超越了初级阶段，它已经开始获得动力。在2013年秋天，已有35所学校参与到了该计划中，覆盖人口众多。

无论学校自身如何转型，其所处的文化环境都深受政治氛围的影响。如果当地政府和国家政策能够提供支持，学校的改革才更容易生根发芽。为了实现这一目标，政策制定者需要理解他们促进这些改革的具体作用。

谁是政策决策者？他们是设置学校发展条件和真实环境的人，包括学校董事会成员、学校负责人、政客及工会领导人，其中包含着一个充满不同利益，乃至利益冲突的复杂网络。我曾与世界各地各级的政策制定者都合作过，他们中的大多数人都热情地致力于促进学校的成功，并想为学生做些正确的事。很多人哪怕面临着重重困难依然在尽他们所能。但也有一些人制定政策的初衷虽好，却最终事与愿违。

正如我们看到的，这是一个复杂的环境，也是制定政策面临的严峻挑战。如果政策的目标是错误的，或者偏离了学校的真正需要，情况只会变得更糟。那么一般来说，政策制定者在学校转型中的角色应该是什么样的呢？他们应该做些什么来帮助学校实现教育在经济、文化、社会和个体方面的四个基本目的呢？

转型中的政策制定者

“改变南卡”和我们之前讨论的许多例子都证明：**鼓励创新的政策是自下而上的，关键在于创造性的学校可以改变自己的条件**，但这些条件究竟是什么呢？

教育中领导者的真正作用不是“指挥和控制”，而是“营造氛围”。就像教师和校长应该为自己的学生和社区创造条件一样，政策决策者的角色就是要为学校和他们服务的社区网络，创建类似的有利条件。我认为教育应该基于健康、生态、公平和关注的四项原则。为了践行这些原则，政策制定者需要培养特定的环境。这本书里的许多例子都表明了这一点，我在这里会进一步明确。

保持健康

热情的学习者　有效教育的基本前提是培养学生对学习的热情，这意味着要了解学生的学习方法，提供多样化的课程，支持性的教学方法和评估激励机制，而不是抑制学习。如果学生们在学校不投入，其他一切以教育之名的东西就都是无关紧要的。学生丧失学习兴趣甚至辍学的成本远远高于一开始就激发学生学习兴趣的投资。

专家教师　我一开始就区分了学习和教育的概念。教师的作用是促进学习，这是一个非常专业的任务，这也是为什么所有好学校都非常重视高质量教师的招聘、培养和持续的职业发展。如果脱离了教师，世界上没有任何一个教育系统是可靠的。

振奋人心的愿景　如果孩子被未来愿景和目标所驱动，他们就会创造奇迹，而未来愿景必须与他们个人相关。我想，一定不会有很多孩子早上醒来就在想：他们可以做些什么来提高全州学生的阅读水平。但无数孩子是出于自身的原因，想提高阅读、写作和计算能力的，以及唱歌、跳舞、探索和实验等。无数的父母和教师也想要为他们提供支持。学生需要的是和自身利益相关的政策和愿景，而不是自身利益被抽象成某些政治竞争中的数据而已。

形成生态

鼓舞人心的领导 伟大的系统需要伟大的领导人。正如学生可以被教师启发到新高度一样，学校也可以受益于一个有远见的校长，以及信任领导的学校网络。校长要知道，政策制定者了解教学和学习的日常挑战，他们也要相信，政策制定者牢记着他们的利益诉求。如果没有信心，如果没有对这项工作的执着，政策制定者将不可能对提高学校成绩产生影响。

一致性和连贯性 健康系统的工作是整体性的，其中的每个元素都相互支撑，教育也是如此。这样一个复杂的系统中包括许多子系统和动态过程，不同利益集团的关注点造成的偏差是持续的风险点。在质量体系中，教育的远景和各个阶段的实践紧密相关。贯穿整个系统的是生动的人，所以经验的连贯性是主要的考虑因素。

集中资源 高效的教育系统才能获得更好的资源，不仅是资金资源。教育质量必然和投入的资金有关，虽然在这本书中我们看到了一些依靠有限资金依然表现不俗的例子。然而，总的来说，美国比世界上其他任何国家花在教育上的人均成本都更高，但这并不意味着美国就有最好的教育系统。一切都取决于这些资源集中在什么地方。高效的系统会投资专业培训、技术培养，以及突破单个学校的支持服务。

促进公平

伙伴关系和合作 标准化运动植根于学生、教师、学校、学区，乃至目前国家之间的竞争。教育竞争有它的原因，就像生活的其他方面一样，但是设定人们之间冲突的系统从根本上误解了造就成功的动力。教育因伙伴和协作而繁荣，主要是学校之内、学校之间，以及学校与其他团体和组织的协作。

战略创新 从现状转型到一个新的范式需要想象力和远见，也需要关爱和判断。“关爱”是以负责任的方式进行探索工作时的一种防护。系统性改革最有力的策略之一是，测试不同方法的好处，当创新的效果不局限于当下情境时，这种创新才是战略性的，它可以激励别人以相似的方式在自己的环境下进行创新。

倡导和认可 政策制定者的作用之一就是，为当地创新积极提供条件、鼓励和支持。改变往往都是困难的，尤其是当它挑战了一直以来的现实时。我在早些时候曾说过，文化是对一系列行为能否接受的权限。各级政策制定者可以通过倡导并许可学校创新、打破旧的利益关系来促进改变。

提供关注

高标准 学校必须有高标准，不仅在数学和文学方面，而应是在各领域，这毫无异议。高标准能激发成就，使人们获得超乎想象的成绩。对于音乐和舞蹈是如此，对于数学和工程也是如此。为了达到效果，达到标准应该只是实现成就的一个刺激，而非目标本身。形成关于这些标准的一致意见很重要，在完成这一协议合作过程中的相互尊重也非常重要。

问责智慧 高标准不仅只是针对学生的，对教学、管理和领导能力来说也必不可少。责任不是一条单行道。当然，教育工作者应该对教学的有效性负责，影响他们工作的政策决策者也应当如此。问责制意味着责任和控制，如果人们负责任，这个责任就与他们可以控制的因素相关。一个聪明的问责系统也会适当考虑学校控制之外的一些学生生活的因素，这也适用于各个领域和各级系统。

持续的专业提升 教师是一个要求很高的职业。随着世界的变化和需求增加，教师定期有机会去更新、提升他们的专业知识至关重要。学校发展就是一个专业提升的过程，教师的专业持续提升不是负担，而是成功培育学生、学校和社区的重要投资。

改革课程

如果标准化运动能像设想的那般成功的话，我们就没有理由进行什么改革了，但事实并非如此。世界各地的政策制定者都了解这个失败的事实。以前支持标准化的州里，正在发生一些最有趣的变化。《不让一个孩子掉队法案》很大程度上是基于得克萨斯州的情况，而目前该州的很多地方都引领着个性化战略的进程，该战略恰当地考虑到了不同天赋的学生，以及该州不同地区的需要。

这正是得克萨斯州资深议员吉米·唐·艾科克（Jimmie Don Aycock）谨记在心的。他在跟我聊天时说："整个德州的经济和社会问题都有很大的差异，人们的生活范围包括从狭长地带的风力农场到石油精炼厂，以及两者之间的所有地带，所以让德州各地的学区制订不同的教育策略是非常重要的。"

艾科克是五号法案的起草人，2013 年，五号法案在得克萨斯州的众议院和参议院得到一致通过，极大地改变了德州学生的毕业要求，学生需要参加的考试次数。对于那些对自己的未来有不同目标的学生，五号法案为他们提供了毕业后的新路径。

我在立法机构的所有工作都与教育有关。事实上，我告诉人们，教育是我直至退休要做的唯一重要的事情。我们有接近 40% 或 50% 的学生被推到就业边缘时，要么没有做好就业准备，要么没有足以找到工作的学历，这令人难以接受。而这项法案中就包括了为不上大学的孩子提供合理的教育。有些孩子无法上大学，也不一定要从事学术工作，有些人是因为经济原因，有些人只是不想去，但他们都有自己想做的事情，并不需要一个四年制的大学学位。

我认为大多数人都会同意，大多数孩子都需要某种形式的高级技能培训。无论是在高中时代，还是在高中毕业后，他们都应该习得这些技能。该法案让学生能够灵活地开始学习就业技能，或能让他们获得工作的全套技能。孩子拿不到大学学位并非是他们的失败。我们发现，一旦孩子看到了一些可以实现的目标，他们和他们的父母就能进而发现他们之前未曾想到的教育目标。我认为我们终将实现的不仅是改善职业和职业决策，而且可以对上大学的决定进行更好地思考。“如果我所做的事情是重要的，我一定可以做到”，而这些对话在以前是不可能发生的。哪怕真的只能让学生和家长更投入，我也认为这是值得的。

我们将高风险测试的次数从 15 次减少到了 5 次。不过，明年我们仍可能会有 1/4 的学生无法按时毕业。如果我们还是进行 15 次高风险测验，我认为这一数字可能会超过 40%，甚至接近 50%。他们中的许多人将完成他们的课程，并得到那些课程的成绩。如果有太多高风险的结业考试，孩子将面临这样的情况：他们在学校表现很好，做了一切他们认为自己需要做的，却最终无法通过结业考试。问题是因为他们太难取得学分了吗？是测试本身有缺陷吗？还是他们没有认真考试呢？上述所有情况都有可能。

这个法案有点微妙，为了让它正常执行，我们必须处理这三个部分：测试、课程和问责制。有一个决策专门用于将三者联系在一起。如果我们处理其中一部分，而没有处理另外两个部分，我想可能就会导致一些非常糟糕的后果。当你在平衡这三者的时候，我认为这是一个功能性的立法纲要："这是为了学生、为了本州的需要，这是一种对地区更负责的方式。"我认为这是一个非常可行的法案，大多数教育工作者都会拥护它，家长和学生也会满意。而有些改革家貌似满意，有些则好像不喜欢。

对该法案最为担心的人强调了《不让一个孩子掉队法案》，他们认为如果给学生安排更多测试、提高标准并保持压力，孩子才能有出色表现，从而不断提升教育成果。我必须承认，曾经有一段时间我也是这么认为的。但我认为持有这种观点的我们忽视了一点：这是对教育的一种机械化的看法，就是一个工厂生产的概念，而不去考虑并非所有人都一模一样。我们即使做同样的事情，有时也会产生非常不同的结果。所以我后来放弃了这种想法，当我意识到《不让一个孩子掉队法案》很大程度上正是基于这种想法时，我就不再相信它了。

从标准化向个性化转变，从遵从到创新，这一切不止发生在美国，还发生在世界上的许多地方，而且也都收获了不可思议的成果。

先锋性的突破

制定政策是一个集体性的过程，非常复杂，但真正的改革者知道，一个慷慨激昂的人就可以改变这个过程，乃至改变世界。而有时候，这样的领导魅力可能只是顺应了召唤。

点燃阿根廷的火花

2001 年阿根廷经济崩溃的时候，西尔维纳·吉维尔兹（Silvina Gvirtz）意识到，她的学术生涯将要发生戏剧性的转变。她被授予博士学位，一直专注于教育研究，但在了解到她的国家有了这么多新增的贫困儿童后，她知道自己不能只是坐在写字桌后面了。获得许多大公司的捐款后，吉维尔兹创造了一个拥有远大目标的项目，来提升那些资金不足的学校的教育质量。她在全国的贫困地区展开工作，带动了很多社区去改造他们的学校，让学校变得更好。结果令人鼓舞，学生辍学率从 30% 降低到了 1%，复读率，即需要留级的学生比例从 20% 降到了 0.5%。

> 我们和当地的合作伙伴一起工作，按区域划分学校，强化当地政策，还和当地的教师和校长合作。我们让校长知道了我们想和他们一起达成什么目标，帮助维护他们管理教师的职责。我们从未使用过负强化。我们会和教师一起走进教室，处理具体问题。我们的很多工作就像医生一样，是坐在一起解决一个个的案例。这样一来，教师就会觉得有人支持他们，帮助他们。

这个项目顺利高效地继续进行着，吉维尔兹却意识到了自己的问题。如果她真的想帮助尽可能多的学生，她就要从政，虽然她天生并没有这种倾向。

后来，吉维尔兹成了布宜诺斯艾利斯省的教育部部长，并以这个角色服务了近8年时间。最近，她开始实施“先锋计划”（Conectar Igualdad），该计划致力于帮助阿根廷学生学习技术。当我写这篇文章的时候，“先锋计划”已经为全国学生分发了超过350万个上网本，这些上网本安装了各种开源应用来帮助学生学习，而这个计划一直以来的目标是要带来创新。

> 对我来说，孩子可分为三种，第一种是被动的消费者，他们会买最著名的应用却并不懂技术。第二类是聪明的消费者，这些孩子能在网络上区分对错。他们对于技术知道得更多，但不会去创造。第三种孩子是开发者。开放源代码给予了他们创造的可能。如果你想要一个孩子有创意，你就必须教他们如何编程。当你给一个从没玩过电脑的孩子一台电脑，就是为他消除了数字鸿沟。这一做法可能成为其他学科的有力装置，使他们更有创造力。

已经在理论层面获得满足的吉维尔兹现在已经成为许多领域的领军人物，她是“先锋计划”的执行主席、圣·马丁大学的教授、阿根廷国家科学技术研究委员会的研究员、纽约州立大学的客座教授，她目前还是两个教育图书项目的丛书编辑。吉维尔兹成为领袖，可谓顺应了使命的召唤。

创新中国

江学勤也看到了中国的问题。数据虽然很客观，如前所述，上海在最近的国际学生评估项目排行榜上位列榜首，但它的背后意味着高强度的训练和对考试成绩的超常关注。正如西方教育在塑造一个适应工业革命的系统一样，高考制度也是为中国培养更多工程师和中层管理人员而设计的系统。这个系统十分庞大，而且向美国大学的研究生院输送了大量学生。但中国正在改变，中产阶级的扩大以及对制造业依赖的减弱使得他们也需要培养出一种不同的学生。“如果中国要进步，就需要人们拥有不同的技能。中国需要企业家、设计师、经理人等各种缺乏的人才类型”，江学勤如是说。

所以，在 2008 年，江学勤开始在深圳试验建立一种新的学校模式，这里的学生不用参加高考。他们会花更多的时间来写作，帮忙经营一家咖啡店或一份报纸，学习如何创办企业，如何理解共情，以及参加社工服务。

江学勤现在已经到了北京大学附属中学的国际部担任副校长，继续致力于用新时代的方法去推动中国学生的教育。他最近也出版了一本名为《创新中国教育》的书，里面谈到了他采用创造力教学的经验并提供了一个推广这种方法的平台。

寻求变革的中东

阿明·阿明（Amin Amin）博士认为，人力资本是阿拉伯地区面临的最大挑战，“21 世纪对人力资本的需求给现存的教育系统创造了新的压力，当前的需求是希望教育系统能够更有效率，并且完全能够满足每个学生的具体需求”。在此基础上，阿明博士发现了以态度、技能和知识（Attitude, Skills and Knowledge,即 ASK）为代表的人类才能培养模式。ASK 的一个主要目标就是，提供教育服务，以培育该地区的新一代思想家。这些服务主要基于 5 个平台展开运行：教育工作者的专业化发展，教师资格证明，定制内容的发展，监测和评估，以及与非政府组织和学校的交流。

自 2011 年起，阿明博士的工作已经产生了广泛的影响，累计接触近 4 000

所学校。为此,他被莫格里基金会这一指导组织任命为“全球推广大使”和“年度导师”。

苏格兰的改造

当前，在教育方面最有趣的国家举措发生在苏格兰，它展示出了我们一直在考虑的许多原则和条件。相关举措的核心是“卓越课程”（The Curriculum for Excellence）项目，也是一个全部学校转变的整体框架。这有些像芬兰的改革举措，但与英国和美国的许多改革举措大有不同。“卓越课程”是苏格兰全境的教育工作者、家长、学生、商业人士，以及社区领导者在交流中发展而来的，它提出了该国未来学校教育的大胆愿景和广泛框架。这并不是一个自上而下的强制规定的框架，相反，它给学校提供了相当大的空间，可以满足他们自己学生和社区的特殊需要。在实践这个举措之前，他们已经分析了实施中可能遇到的挑战，并对强有力的变革理论有着深思熟虑。

这一战略已经在国际未来论坛（International Futures Forum, IFF）的协作中发展起来了，其中包括世界范围内的教育工作者、政策制定者，以及研究者的参与。正如我所做的，国际未来论坛定义了对变化的三种理解形式，他们称之为“三种视野”：一是现有系统，二是转型过程，三是新的事态，变化的过程也会在其中展开。同样，这些原则处于转变的中心，转变发生的地方跨越了大西洋，从苏格兰到加拿大渥太华。

渥太华之声

像我一样，彼得·加姆韦尔（Peter Gamwell）也来自英格兰利物浦。他现在是渥太华卡尔顿地区教育委员会（the Ottawa-Carleton District School Board,

OCDSB）的教学管理者，该委员会已经被证明是世界各地教育委员会的榜样，因为其在内涵和创新方面的卓越成就。

根据加姆韦尔的说法，渥太华卡尔顿地区教育委员会的突破出现在2004年一场有许多职员参加的关于如何领导行动的地区会议上。当有参会者在屋子的后方举起手的时候，加姆韦尔和其他与会人员已经开了一个半小时会。这个人询问加姆韦尔在会议上做了些什么，加姆韦尔说，他正在会议中分享关于如何领导行动的想法。那个人听到这个回答貌似非常吃惊，他说，他作为管理人员已经在这个地区工作了20年，从未有迹象表明他关于如何领导行动的想法有任何价值。那时加姆韦尔才意识到，他需要发起一个地区性的倡议，去接受工作人员、家长，以及学生在内的每个人的创造性贡献。

> 每个人都有创造能力，每个人都有内在的智慧，我们需要认识到这一价值，我们需要采取行动并寻找方法去利用这些能力。如果你能做到的话，你将最大限度地利用机会，发展出一种有参与度、归属感以及创造力的文化。

加姆韦尔培养出创造思潮的其中一种方式，是让每个人都参与进来，加入“发现人们的责任、倾听他们的故事、找到他们独特的能力、帮助他们成长”的队伍中。而另一种方式是帮助每一个人融入到系统中，理解他们巨大的内在创造能力。

> 如果你去幼儿园观察孩子，你会发现他们精力充沛又富有创造力。如果你到一个中班问谁有创意，他们会做出最令人难以置信的事情，他们会指着班级中的某一个或两个孩子！这太令人难过了，在成年人中也存在同样的情况。我们的目标是让人们不再指向他人，而是指向自己，

承认他们自己的创造能力。

加姆韦尔的组织在地区内收集了有创意的倡议，一开始，他们得到的回应极其慎重和有限。然而，当加姆韦尔和他的团队明确表示他们真的想要一些意见时，他们收到了数以百计的创新性倡议。这些想法涵盖甚广，从新课堂计划到通过给孤独症儿童介绍实业家去帮助他们，再到削减维护人员经费开支等。许多倡议都针对学生的个性化教育方面，主要通过为学生提供更广泛的课程选择以及开拓学生的视野等方式。

> 这并不是说数学和语言不重要，毋庸置疑，数学和语言非常重要，我们只是想要确保不要让我们的孩子直到离开学校都不知道自己擅长什么。事实上，在很多孩子身上都发生过这样的事情。我们要实现一种平衡，这样我们就不会听到有孩子在离校时说："我根本不知道自己擅长什么。"如果课堂上有非常乐于分享教学热情和个人能力的教师，这对于学习环境会有非常积极的影响。

我问过加姆韦尔对其他地区的政策制定者有什么建议，因为一些政策制定者也想要培养与渥太华卡尔顿地区教育委员会一样具有创造力和潜力的氛围。加姆韦尔最开始的回复是："做好前路崎岖的准备。"在渥太华卡尔顿地区的教育委员会中，这些变化的发生既不迅速也不平稳。加姆韦尔还给我寄来了下面的清单：

> **测量你的学习组织的"温度"**。了解人们对学习氛围的感觉，通过严肃的、激发思考的问题，弄清楚人们关于学习、领导和创新有怎样的观点。在个人、团体和组织层面，想象力能从哪个层面融入组织？对于理想中的领袖，人们认为应当具备怎样的领导才能、个人品质和行为？

组织文化是否能培养非正式领导力和个人创造力？组织目前会对个人、团体和组织的创造力带来什么帮助和妨碍？我们应该如何提高？准备迎接真诚的答案，告诉人们，你非常想知道他们的真实意见。

利用信息，基于优势，开始进行文化变革。即刻启程，从你所学到的思想中捕获东西，创建一个协同设计的愿景或领导方向。这种合作模式需要各种员工团结协作，等级结构要更扁平，还要让人们看到这一点。

勇于实践。以此向人们表明你在聆听他们的想法，并且从欣赏和正面的角度来回应。

长期而持续的对话。你需要发展出可以接纳他人意见的结构，倾听以及讲述的氛围非常重要，人们对此将会有不同的回应，所以你需要从多种渠道去收集这些回应。一旦人们感觉到一种真实的归属感，有关学习的文化就会兴起。

打破组织的边界，让外部的人参与进来。组织外的人将提供完全不同的视角，你会听到很多令人惊叹的企业、政府、艺术和科学组织的转型故事，了解其他许多人也尝试着在这个创新时代找到应对和经营之道。找到他们，邀请他们，拜访他们，将他们纳入进来，通过思想的碰撞与好奇的火花，你会点燃一种截然不同的活力。

无论在哪里，这些方法都是适用的，从阿根廷到渥太华，从得克萨斯到迪拜，结果都是相似的。所以，如果这些原则和条件都如此清楚，为什么没有被其他地方采纳呢？

转变中的现实障碍

前文讨论的转变在现实中还存在很多阻碍，其中一些阻碍来自包括学校自身等机构固有的保守制度；一些阻碍在于对需要什么样的转变存在争议与冲突。一些阻碍和文化与意识形态有关，还有一些则与政治利益相关。

风险规避

约翰·泰勒·加顿（John Taylor Gatto）在他的著作《大众化教育的武器》（*Weapons of Mass Instruction*）中，阐述了限制学校改革的模型。约翰·泰勒·加顿之前是纽约的一名教师，在看到工厂化流水线式的教育和教师与学生的单一文化后，他感到很绝望，选择了从教育岗位上退休。结合之前的教育生涯，加顿开始思考学校“对学生和教师长期的、模块式的限制，把学校变成了某种工厂”，他不明白为什么要按照这种方式进行。

“根据我自己的经验，如果我们想不付代价地抛弃愚蠢陈旧的教育结构，并帮助孩子接受教育，而非仅仅听课的话，教师也必须不断学习，心存敬畏。通过更加灵活的时间、文本和测试，通过把孩子托付给真正有能力的成年人，通过随时给予每个孩子冒险的自主性，我们才能够激发他们最好的品质，如好奇、勇敢、坚韧和惊人的洞察力等，但是我们并没有做到。”

旧习俗和旧制度的阻力体现在各个层面，从教室到州议会，当然也还有很多其他因素。

文化和意识形态

教育政策不可避免地会和其他文化利益纠缠不清，当地文化和国家文化也深深影响着教育实践。例如，在亚洲部分地区的校园里就有一种遵守和顺从权威的文化氛围，这种文化氛围是根植在亚洲普遍的传统思想和文化中的。

美国和英国的右派政党都支持解体并商业化公共教育，它们对于市场经济的普遍认同产生了这样的观点：通过将市场经济的思想运用到教育和父母选择中，教育水平就可以得到提高。这些倡议的政治热情和普遍的资本主义文化价值观有很大关系。

利益和影响

有一些政府官员将公共教育开放给了市场，包括特许学校、幼儿园和由盈利机构运营的独立学校，但它们的表现完全没有比政府支持的公立学校更好。

政治和野心

并不是所有的政客都真正关心教育，有一些职业政治家或行政官员只是把教育当成职业晋升的一块跳板。他们对于教育有着自己的野心，这些野心是和政治利益动机紧紧相连的。他们为教育投入额外费用的原因之一是，他们希望有短期的获益，可以作为下一次选举的资本。在许多民主国家，这个现象每 4 年就会发生一次。随着新闻媒体的大肆宣传，竞选活动已经从 18 个月前，甚至更早前就启动了，这样一来政客们就有几年的时间借此在巡回演讲中吹嘘。他们在演讲中往往会支持那些具有高度政治敏感度的可量化指标，包括读写能力、计算能力和职业准备。国际学生评估项目排名就是为政治量身定做的。

命令和控制

政客往往会采取命令和控制的策略。对于促进人们实现个人价值以及公共利益的所有说辞中，有大量的历史证据阐明了教育的社会控制、一致性和大众遵从。在很多方面，大众教育一直都是社会工程的一个过程。有些时候政治意图是好的，但有时却并非如此。就像我之前说的那样，教育是一个本身就充满争议的概念。有些时候，我们不仅无法认同它的概念，也无法认同它的结果。如果我们秉持的教育宗旨完全相反，那么对战略进行再多的辩论也无法达成共识。

组织化改变的力量

我们注意到，创造一种创新而充满可能性的教育氛围需要鼓舞人心的领导。我就曾被授权和许多教育界的领导们一起工作过，其中最鼓舞人心和最有启发性的经历是和提姆·布里格豪斯（Tim Brighouse）一起工作。他是英国一位无比优秀的意见领袖，同时也是牛津郡和伯明翰学区的首席执行官，领导着全英和伦敦战略创新的重要项目。就像国际未来论坛一样，他也知道从愿景到变革的道路并不简单。根据经验和现时的形势，从实施、提升到评估，再到重新定位是一个持续不断的过程。布里格豪斯用下面的图标总结了变革中的必要元素：愿景、技能、激励、资源、行动和方案。

有效的变革需要具备以上要素。首先，人们需要有一个向未来推进的愿景：他们要知道自己具备进行变革的能力和技能；他们要相信变革是好的，未来还

会比现在要好，变革是值得付出努力的；他们要知道运用个人的物质和资源去实现变革；而且，他们需要一个具有说服力的计划让他们实现愿景，最起码，要有一个能让他们得以起步的行动计划，即使该计划会在行动过程中发生变动。

变革中最大的阻碍就是各种变革元素的离散和流失，如果一个或多个元素缺失了，整个过程就会卡住。

	技能	激励	资源	行动方案	=	混乱
愿景		激励	资源	行动方案	=	焦虑
愿景	技能		资源	行动方案	=	阻力
愿景	技能	激励		行动方案	=	挫折
愿景	技能	激励	资源		=	弥散

如果所有的元素都能就位，我们就可以通过合理的改变帮助人们实现他们的目标。领导的角色就是明确所有元素都能够就位，这也是教育系统中政策和政策决策者应该扮演的角色。

变革中的行动者

我们在这本书里讨论的所有原则、条件和教育本身一样渊源悠久，这也是很多成熟、成功学校的核心。我自己在学校和政府长达 40 多年的工作都是以这些古老的原则和条件为基础的，我们在这本书里提到的很多变革都更加清楚地阐释了它们，现在的挑战是把它们运用推广到其他地方。正如我们多次强调的：有很多优秀的学校和充满希望的人正在为之奋斗，但是他们的大多努力都和主流的教育文化相违背，而不是得到主流文化的帮助。

美国著名的政治家本杰明·富兰克林认为：**一个平衡的、自由的教育是“美国梦”的基础**。实现所有地方的人们的梦想非常重要，世界变得越来越复杂，危机越来越多，变革教育和改造学校已是迫在眉睫。

富兰克林曾经说过，世界上有三种人：不行动的人，想行动的人和在行动的人。有些人看不到改变的需要，也不想改变，他们就像溪流中的巨石，任凭溪流在周围流淌冲击，却岿然不动。我的建议是不要理会那些人，改革的浪潮和时间会把他们抛在我们的身后。

另一些人是想行动的人。他们看到了改变的需要，或许不知道该怎么做，但还是敞开心扉去相信、去行动。我们应和他们一起努力并感受他们的能量，和他们结成联盟，一起制订梦想和计划。

最后，还有一群在行动的人，他们是变革的代言人，他们能看到未来的方向，并想要通过自己的努力和他人的帮助来实现梦想。他们知道行动不总是需要被允许和被授权的。就如甘地所说，如果我们想改变世界，就首先要将自己变成理想的样子。**当足够多的人行动起来，就会形成一场运动。如果这场运动有足够的能量，就会形成一次改革。在教育领域，这正是我们所需要的。**

未来教育的图景

1968年，我在英国从高中毕业进入大学，在布雷顿霍尔学院被莫名的幸运击中了。这所学院是约克郡西区一所著名的文理与表演艺术学院。布雷顿霍尔学院是在亚历克·克莱格（Alec Clegg）爵士领导下的该地区教育界的一颗璀璨明珠，是公共教育转型的先驱。布雷顿霍尔学院由一位年轻的情报学博士阿兰·戴维斯（Alyn Davies）领导，他也是一位颇有远见的教育家，以自己的魅力、博学和政治上的成熟不断磨炼着教职员工和学生的智慧与情感。

这所大学中满是极富个性且充满热情的教师，他们以各自不同的方式启迪和激发出了我们最好的一面。他们的学生也成了像他们一样优秀的人。我们的年龄、天赋和兴趣各异，但最终，我们都发现自己这几年一直沉浸在彼此的陪伴中，渐渐喜欢上了英国乡村里这个数百英亩的校园，而那时候的政府政策也是自由开放的。

我在这里拿到了教育学学位，获得了在小学和中学教授英语和戏剧的资格。

在这条道路上，我向一些我认识的优秀教师学习，与一些我觉得最有才华的学生在一起，在一些最有趣、最富创造性的学校里工作。但我同样也注意到了公共教育的焦虑与动荡，以及个性化教育的需要。

个性化教育可能听起来像是一场革命，但其实并不是什么新鲜事，它深深植根于教育历史之中。早在17世纪，约翰·洛克就主张身体、性格和心灵的同步教育，也就是完人教育。许多不同的个体和教育机构已经开始实行个性化教育，遵循儿童发展的自然规律，顺应促进社会公平文明的教育形式的发展。

个性化和全面教育的倡导者和实践者有着不同的文化和立场。其中包括让-雅克·卢梭、约翰·裴斯泰洛齐、约翰·杜威、库尔特·哈恩、基督·克里希那穆提、多洛丝·希斯考特、皮亚杰、维果茨基、亚历克·克莱格爵士、诺姆·乔姆斯基等。各种不同的方法并不能整合为某一个学派或某一种实践，但它们的共同之处在于：**乐于构建孩子学习的环境，让孩子通过学习成为他们自己。**

玛利亚·蒙台梭利是一名内科医生和教育家，她的教育职业生涯开始于20世纪早期的意大利圣洛伦佐，主要是为贫穷和弱势儿童工作。蒙台梭利强调个性化教育。“教师应当观察孩子是否关注自己，”她说，“看他们如何关注自己，能关注多久，甚至要注意他们脸上的表情。”蒙台梭利说，教师必须非常小心，不要破坏自由的原则。如果教师强迫孩子按照自己的指令努力，那他们将看不到孩子自发活动的状态。目前，世界各地有超过两万所蒙台梭利学校践行着蒙台梭利的教学方法。

鲁道夫·斯坦纳（Rudolf Steiner）是一位奥地利哲学家和社会改革家，他开发了一种人文主义教育方法，还设置了“斯坦纳沃尔多夫学校奖学金”（Steiner Waldorf Schools Fellowship）。斯坦纳的方法围绕着每个孩子的全方位需求展开，如学业、身体、情感和精神。第一个斯坦纳学校于 1919 年成立，到目前为止，已经有 60 个国家、近 3 000 人在运用斯坦纳的理念和方法。

有趣的是，斯坦纳还开发了一个基于生态和可持续发展原则的农业系统。他的生态农业系统遵循季节的自然循环，不使用化肥和农药。目前，全世界许多地方都将这种方法作为有机农业领域的一个特定实践。

著名教育家尼尔于 1921 年创立的夏山学校是所有民主学校的范本。该校的理念是："允许个人的自由，每一个孩子都能够为自己的生活负责，追求自己的兴趣爱好，最终成为他们希望成为的人。这会带来一种内生的自信，以及对自己真正的接纳。"

各类成功的教学案例不胜枚举。

各种个性化的学习方法通常会被统称为"过程式教育"（progressive education），也被一些批评人士认为是"传统教育"的对立面。这是一种会导致各种二分法谬误的误解。一直以来，教育政策都在这种所谓的两极之间摆动。标准化运动则是最新的一次摆动，而有效的教育总是在严谨与自由、传统与创新、个人与集体、理论与实践、内心世界和外部世界之间寻求平衡。

钟摆不停摆动，教育也不会停下前行的脚步，而我们的任务就是帮助学校和学生找到平衡。教育没有永恒的乌托邦，我们处于一个不断变化的世界中，要不断努力地为现实社区中真实的人创造最好的条件。这是在复杂动态系统中的生存之道，也是当务之急。教育体验应该是个性化的，这已经成为日益突出的全球问题。

改革不仅由驱动其的思想定义，也要考虑它的影响范围。思想能否激发改革取决于环境，改革者要能够在对的时机内引起足够多人的共鸣，鼓舞他们去行动。我提倡的改革思想由来已久，也有越来越多的人对它青睐有加，已是山雨欲来风满楼。

我呼吁的很多原则和实践都已经得到了成功的实践：公立学校、大片学区、实验学校、贫困地区、私塾，乃至整个国家。为什么说这是一场革新呢？首先，我们目前所处的世界日新月异，因此亟须理解这些方法并大范围推广；其次，我们现在已经拥有了可以对教育进行全新个性化改革的技术；再次，世界各地的人们都对思维方式和教育实践的结构性转变有着迫切的需求！

这本书中提到的学校都在试图提供一种有活力、个性化和高参与度的教育，这是每个人都需要却太过久违的一种教育。这是变革之路的一部分，为的是所有人而非一部分人。其中的风险不言而喻，结果更是生死攸关！

CREATIVE
SCHOOLS
译者后记

感谢湛庐文化，感谢简老师，成全我和这位 TED 最受欢迎演讲者的第二次缘分。

在我看来，这位风趣幽默的英国教育家拥有一种天生的乐观感染力。在这本书中，罗宾逊先生继续讲述了他在教育领域观察到的事实，控诉了把学生当作教育流水线产品的灾难，奔走呼吁个性化教育时代的到来。

在这本书里，罗宾逊先生毫不吝啬地分享了他在求学和工作期间看到的很多案例，其中的成功变革者都是富兰克林所说的“在行动的人”，包括将艺术形式、企业精神和社会模式引入教育系统的人，以及关注学生个体和动态学习过程，而非只关注考试分数的好老师。看这本书的感觉有点像观影《放牛班的春天》，为未来的教育事业感到温暖而信心勃勃。

但是，我们必须直面现实的诸多问题。文中被反复吐槽的美国的《不让一个孩子掉队法案》虽然高呼教育平等，提升美国教育质量，收效却并不乐观。上海虽然在国际学生评估项目排名中遥遥领先，但这毕竟只是个案，而非全貌，关于国际学生评估项目排名也尚有争议。当前我们也面临着许多困难的教育命题：素质教育、高考改革、大学生培养与就业等，亟待解决，却也难能一蹴而就。

于我自己，因为一直从事教育行业，亦心有戚戚。百年树人大计，每一步都只是一小步，所以我总告诫自己，在前进的每一小步中不忘初心。企望远景也是困难重重，稍不坚持初衷就会被稀释，甚至瓦解。在我看来，想要让教育服务社会，最重要的就是培养出能够接受自己、激励自己、发挥天赋、追求更好社会的健全人。我也常以罗宾逊先生的精神自勉。

在此，我想要感谢翻译过程中所有给予我帮助的人。感谢我最亲爱的身为人民教师的爸爸妈妈，感谢常与我讨论，给我提供帮助的朋友张翼、佟琳、彭唯、王婷、晓霞、萱哥和婧琪。

若有偏颇，还请指教。

未来，属于终身学习者

我这辈子遇到的聪明人（来自各行各业的聪明人）没有不每天阅读的——没有，一个都没有。巴菲特读书之多，我读书之多，可能会让你感到吃惊。孩子们都笑话我。他们觉得我是一本长了两条腿的书。

——查理·芒格

互联网改变了信息连接的方式；指数型技术在迅速颠覆着现有的商业世界；人工智能已经开始抢占人类的工作岗位……

未来，到底需要什么样的人才？

改变命运唯一的策略是你要变成终身学习者。未来世界将不再需要单一的技能型人才，而是需要具备完善的知识结构、极强逻辑思考力和高感知力的复合型人才。优秀的人往往通过阅读建立足够强大的抽象思维能力，获得异于众人的思考和整合能力。未来，将属于终身学习者！而阅读必定和终身学习形影不离。

很多人读书，追求的是干货，寻求的是立刻行之有效的解决方案。其实这是一种留在舒适区的阅读方法。在这个充满不确定性的年代，答案不会简单地出现在书里，因为生活根本就没有标准确切的答案，你也不能期望过去的经验能解决未来的问题。

湛庐阅读APP：与最聪明的人共同进化

有人常常把成本支出的焦点放在书价上，把读完一本书当做阅读的终结。其实不然。

时间是读者付出的最大阅读成本
怎么读是读者面临的最大阅读障碍
“读书破万卷”不仅仅在“万”，更重要的是在“破”！

现在，我们构建了全新的“湛庐阅读”APP。它将成为你“破万卷”的新居所。在这里：

- 不用考虑读什么，你可以便捷找到纸书、有声书和各种声音产品；
- 你可以学会怎么读，你将发现集泛读、通读、精读于一体的阅读解决方案；
- 你会与作者、译者、专家、推荐人和阅读教练相遇，他们是优质思想的发源地；
- 你会与优秀的读者和终身学习者为伍，他们对阅读和学习有着持久的热情和源源不绝的内驱力。

从单一到复合，从知道到精通，从理解到创造，湛庐希望建立一个“与最聪明的人共同进化”的社区，成为人类先进思想交汇的聚集地，共同迎接未来。

与此同时，我们希望能够重新定义你的学习场景，让你随时随地收获有内容、有价值的思想，通过阅读实现终身学习。这是我们的使命和价值。

湛庐阅读APP玩转指南

湛庐阅读APP结构图：

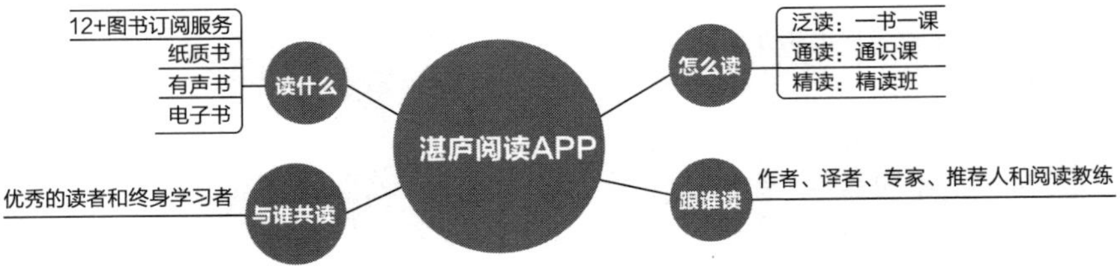

三步玩转湛庐阅读APP：

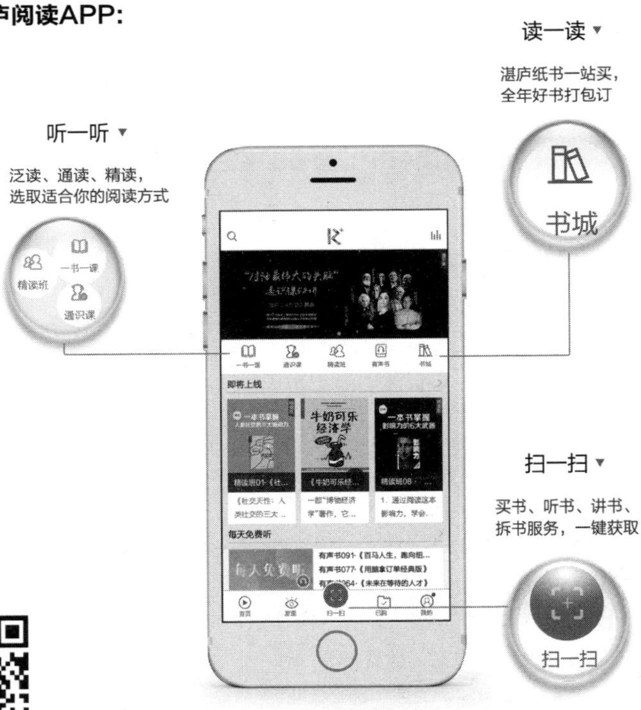

APP获取方式：
安卓用户前往各大应用市场、苹果用户APPStore
直接下载"湛庐阅读"APP，与最聪明的人共同进化！

使用APP扫一扫功能，
遇见书里书外更大的世界！

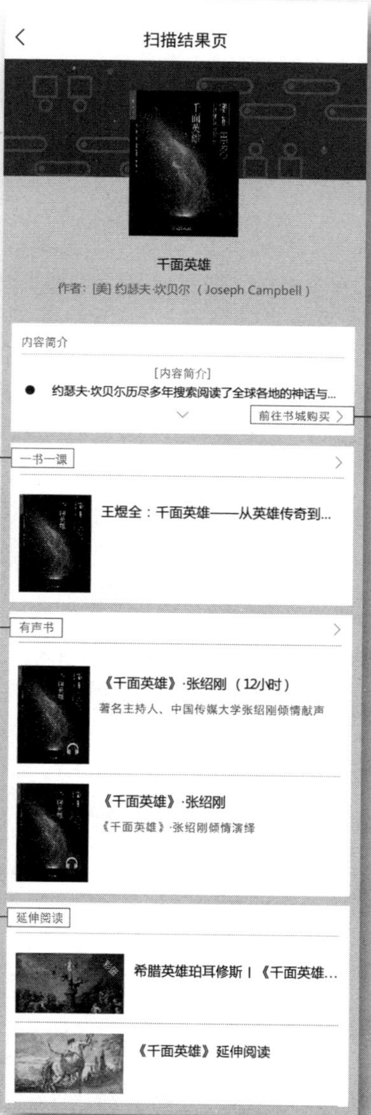

快速了解本书内容，
湛庐千册图书一键购买！

大咖优质课、
献声朗读全本一键了解，
为你读书、讲书、拆书！

你想知道的彩蛋
和本书更多知识、资讯，
尽在延伸阅读！

湛庐文化 Cheers Publishing
a mindstyle business 与思想有关

延伸阅读

肯·罗宾逊教育五部曲

使用“湛庐阅读”APP，“扫一扫”获取本书更多精彩内容
ISBN 978-7-213-08151-4

◎ 一套全景式展现未来人才培养、创造力培养的宏伟蓝图，将带领我们深入教育改革的前沿，探索如何发现学生的天赋，使他们过上真正幸福自由的人生！

◎ 清华大学社会科学学院院长教授彭凯平，清华大学教授陈劲，“心流之父”、积极心理学大师米哈里·希斯赞特米哈伊等众多专业人士联袂推荐！

《绝非天赋》

使用“湛庐阅读”APP，“扫一扫”获取本书更多精彩内容
ISBN 978-7-213-07860-6

◎ 一本全面剖析智商与天赋的解惑之书，打开成才的正确方式。

◎ 美国大学招生官和教务长一致推荐，入选“2016 年夏季家长和学生必读书单”。

◎ 科学作家万维钢（同人于野）、亚拉巴马州伦道夫学校高校升学副主任乔·弗里曼推荐书单。《华盛顿邮报》《自然》《科学家》《出版人周刊》《科学美国人》《大观》集体盛赞。

◎ 本书作者通过原创性研究、趣闻轶事及强烈的同理心向我们证明，任何人，包括那些看似没有天分的人，都可以成就伟大。

《面向未来的世界级教育》

使用“湛庐阅读”APP，“扫一扫”获取本书更多精彩内容
ISBN 978-7-213-07919-1

◎ 教育，是为了培育能够面对未来变局的人才。国际教育专家权威解读世界教育趋势，详解芬兰、新加坡、中国、加拿大、澳大利亚、美国教育之长，为 21 世纪学生打造赢在未来的能力！

◎ 教育改革如何深化，如何面对全球化？在未来不确定的世界，哪些核心能力是孩子必备的？高绩效、快速发展的教育体系具有哪些共同特点？本书将给出答案。

◎ 财讯传媒集团首席战略官段永朝，清华大学教授陈劲，海银资本合伙创始人、互联时代未来趋势专家王煜全联袂推荐。

《翻转课堂的可汗学院》

使用“湛庐阅读”APP，“扫一扫”获取本书更多精彩内容
ISBN 978-7-213-06048-9

◎ 互联网时代的教育改革家，2012 年《时代周刊》“100 位最具影响力人物”萨尔曼·可汗倾心力作！

◎ 比尔·盖茨缘何成为可汗的头号粉丝？谷歌为何从 150 000 个投资方案中选出了可汗学院，并将其翻译为世界上最常用的 10 种语言？答案尽在本书之中！

图书在版编目（CIP）数据

浙江省版权局
著作权合同登记章
图 字：11-2016-22 号

让学校重生 /（英）罗宾逊，（美）阿罗尼卡著；李慧中译．—杭州：浙江人民出版社，2017.8

ISBN 978-7-213-08151-4

Ⅰ．①让… Ⅱ．①罗… ②阿… ③李… Ⅲ．①学校教育 – 教育改革 – 研究 Ⅳ．① G4

中国版本图书馆 CIP 数据核字（2017）第 167658 号

上架指导：教育改革 / 教育创新

本书法律顾问　北京市盈科律师事务所　崔爽律师
张雅琴律师

让学校重生

［英］肯·罗宾逊　［美］卢·阿罗尼卡　著
李慧中　译

出版发行：浙江人民出版社（杭州体育场路 347 号　邮编　310006）
市场部电话：（0571）85061682　85176516
集团网址：浙江出版联合集团　http://www.zjcb.com
责任编辑：郦鸣枫
责任校对：姚建国　王欢燕
印　　刷：河北鹏润印刷有限公司
开　　本：720mm × 965mm　1/16　　印　　张：18
字　　数：218 千字　　插　　页：3
版　　次：2017 年 8 月第 1 版　　印　　次：2017 年 8 月第 1 次印刷
书　　号：ISBN 978-7-213-08151-4
定　　价：66.90 元

如发现印装质量问题，影响阅读，请与市场部联系调换。